Otto Weiß

Stationen meines Lebens

Drei biografische Skizzen

Für Philomena und Theodor

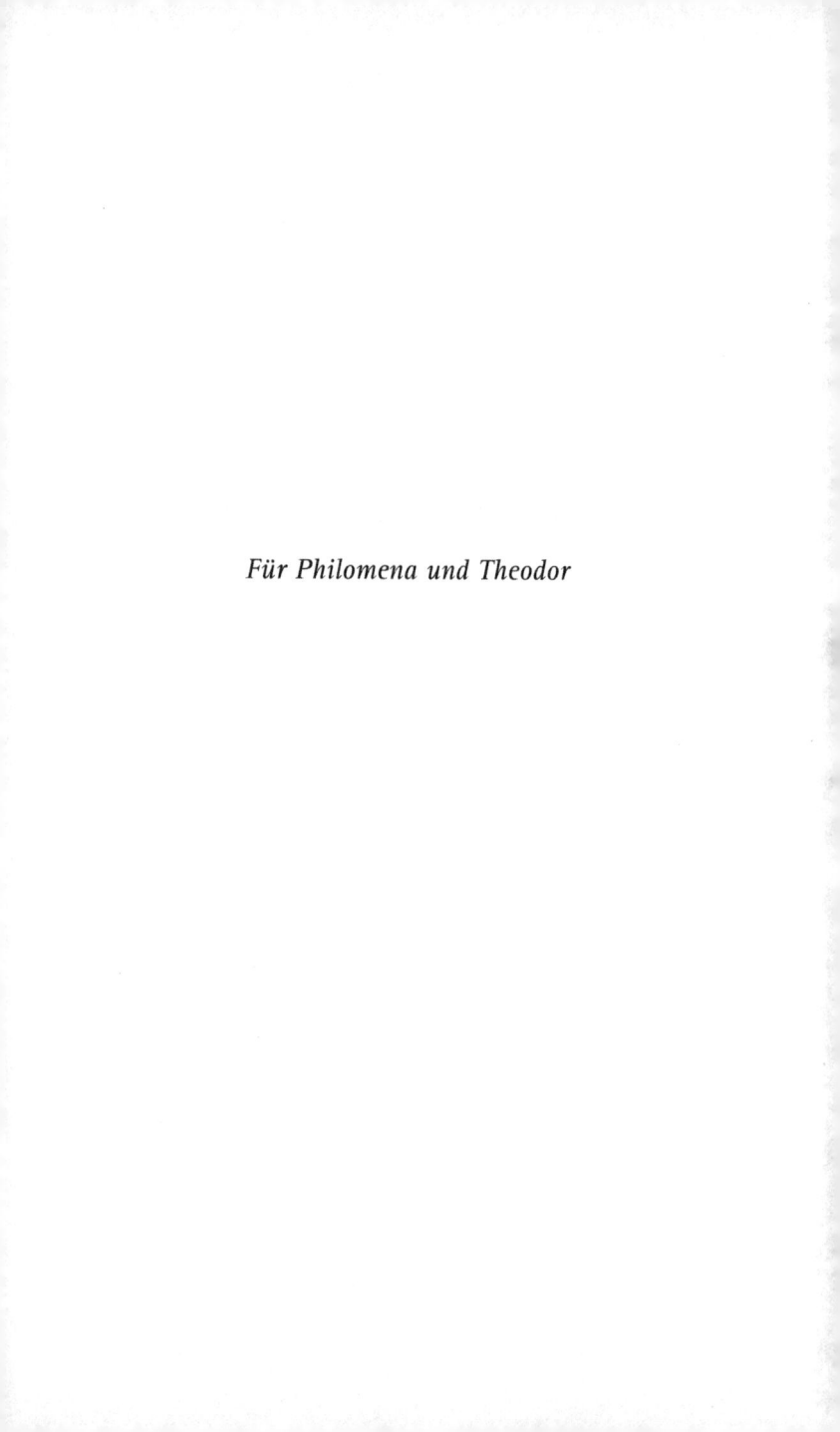

Je bewusster wir uns mit all dem auseinandersetzen, was unsere Eltern an Schwerem und Bedrückendem mitgebracht haben, desto mehr nehmen wir ihm die Macht in unserem eigenen Leben, und desto weniger werden wir unseren Kindern davon weitergeben.

Vorwort

Es wäre verkehrt, die in diesem Band vereinigten drei biografischen Skizzen einfach als Erinnerungen zu bezeichnen. Es sind „literarisch verfremdete" Erinnerungen, hervorgegangenen aus der Suche nach der Wahrheit hinter dem, was geschehen ist. So ist denn auch nicht alles, was erzählt wird, eins zu eins umsetzbar. Ereignisse und Orte sind nicht immer geographisch festzulegen und chronologisch einzuordnen. Personen werden zu Typen: – *Josef* in der ersten Skizze, der *Archivar* in der dritten. Vieles wurde nicht so formuliert und gesprochen, wie es hier wiedergegeben ist. Und doch ist es wahr.

Die hier vereinigten drei Skizzen sind zu verschiedener Zeit entstanden. Was sie verbindet, ist das Nachdenken über das Leben des Autors, der in den Skizzen den Namen Ludwig trägt. Entstanden sind sie in Brachzeiten zwischen wissenschaftlichen Arbeiten. Die dritte Skizze des Bandes, die von Rom und dem Archivar handelt, entstand um die Jahrtausendwende, als der Autor nach zwanzig Jahren mit dem Eintritt in den „Ruhestand" die Stadt Rom verließ. Ein Lebensabschnitt ging

zu Ende. Es galt Bilanz zu ziehen. Die erste Skizze, die sich der Familie Ludwigs zuwendet, entstand zum großen Teil im Frühsommer 2012 fast zufällig bei einem späteren Romaufenthalt und wurde dann mit Hilfe längst vergessener Briefe ergänzt. Im Winter 2012 entstand die zweite Skizze. Zu Grunde lag eine wissenschaftliche Arbeit.

Von Lesern der Erzählungen ging die Bitte zur Veröffentlichung aus. Dem wird hiermit nachgekommen. Nicht verschwiegen werden soll, dass auch der Wunsch geäußert wurde, aus den drei Skizzen ein einziges Buch zu machen. Der Verfasser glaubt jedoch, dies würde einen Verlust bedeuten. Lassen wir lieber die Skizzen stehen, wie sie entstanden sind! Der „Fluchtpunkt" bleibt derselbe, die Perspektiven ändern sich und dadurch wird die Erkenntnis der Wirklichkeit erweitert. Vor allem bleibt so der unterschiedliche Stil der einzelnen Skizzen erhalten, der dem jeweiligen Inhalt entspricht. So stand etwa für den Stil der zweiten Skizze, die zum Teil im 19. Jahrhundert spielt, der Stil von Erzählungen und Romanen dieses Jahrhunderts Pate.

Über den Inhalt der Skizzen braucht im Vorwort nichts berichtet zu werden. Nur so viel: es geht, wenn auch nicht nur, um das konkrete ganz andere Leben in der katholischen Kirche.

Wien, im März 2015

Der Verfasser

1. Geschichte einer Familie

Der Schatten des Riesen

Er war gewaltig, er war riesig, er ragte in den Himmel, die Haare hingen ihm ins Gesicht. Sein roter Bart flog im Wind. Er war ein Fremder, der „lange Ludwig". Niemand wusste, woher er kam. Plötzlich war er da, der Zimmermann. Er zimmerte sich eine Hütte und einen Sarg. Seine zwei Meter passten nicht in die Särge der „Sargfabrik". Sie fürchteten und achteten ihn, den Fremden, den es in ihr Dorf verschlagen hatte. Der Graf im Schloss hinter der großen Mauer ließ ihn gewähren, als er im Park „Bündelholz" von den Bäumen sägte. Als die Revolution 1848 ins Dorf kam, wählten die leibeigenen Bauern, die freie Bauern werden wollten, ihn, den Habenichts, zu ihrem Sprecher. Der Graf wagte keinen Widerspruch.

Er war ein Einzelgänger, ein unheimlicher Sonderling. Doch auch er war einmal einer Frau begegnet, die er liebte, auf seine Art. Auch sie war von auswärts gekommen. Nur wenige im Dorf erinnerten sich noch an die dunkle, schwarzhaarige Schönheit, die bei der Geburt ihrer Tochter verblutete. Doch der lange Ludwig war nicht dazu geschaffen ein Kind aufzuziehen. Seine

Tochter, die Resi, gab er, als sie noch in der Wiege lag, für hart verdientes Geld zu einem Bauern in Pflege.

Da wuchs sie auf, geschlagen und geschändet. Anstatt zur Schule schickte man sie zur Arbeit aufs Feld. Als sie zwanzig war, wurde sie schwanger. Doch als ihr Kind auf die Welt kam, – ein Mädchen –, da verlöschte das Leben der Mutter. So gab es keinen, der zu sagen wusste, wer der Vater ihrer Tochter war. „Es war der Bauer", sagten die Leute. Wer sollte es auch sonst gewesen sein als dieser feiste Ehrenmann, der zu den alteingesessenen Fürsten des Dorfes zählte, die der Pfarrer von der Kanzel begrüßte: „O, ihr reichen Bauern, ihr gesegneten Bewohner diese Tales!" Wer sollte es sonst gewesen sein als er, der sich immer wieder in die Kammer seiner Magd verkroch? Einer flüsterte es dem anderen zu. Doch sie waren nicht sicher. Sie wussten, dass die Resi Trost gesucht hatte bei vielen Männern, bei dem italienischen Hausierer, der ins Dorf kam, um Pfannen und Töpfe zu verkaufen, bei dem angesehenen Bürger, der aus der nahen Kleinstadt kam.

Der Bauer behielt das Kind in seiner Familie. Und alles wiederholte sich. Sogar der Name des Mädchens war der gleiche wie jener der Mutter, und so fiel es denen, die sich an sie erinnerten, später nicht leicht, Mutter und Tochter zu unterscheiden, wenn sie von der „Resi" sprachen. Auch sie durfte nicht zur Schule gehen, hoch über dem Kuhstall hatten sie ihr ein Bett aus Stroh aufgeschüttet. Wie ein Tier musste sie arbeiten, schon als Kind, und es heißt, auch an ihr habe sich der fette Bauer und Ehrenmann vergriffen. Doch dass da noch etwas anderes war, zeigte sich, als sie zwanzig wurde. Wenn sie sich am Dorfplatz im Tanz drehte und ihre langen tiefschwarzen Haare um ihr Gesicht wirbelten, da funkelte die Wildheit des Großvaters aus ihren dunklen Augen. Wo sie ging, ging mit ihr der Schatten des langen Ludwig, der Schatten des Riesen; oder war es der Schatten des „Italieners", war es der Schatten des Kaufmanns aus der Stadt?

Dann lernte sie den Mann kennen, den sie liebte, den Stallknecht. Er stammte nicht aus dem Dorf. Er kam von weit her, vom großen See im Süden. Schlank war er und stark. Wenn sie sah, wie er die Milch aus den Eutern der Kühe presste, überkam sie ein wunderbares Gefühl. Und eines Tages drückte sie ihren Körper an den seinen, nicht so sehr wie eine Frau, sondern wie ein Kind, das auf der Suche nach einer verlorenen Heimat ist. Zu heiraten war den „Dienstmägden" verboten. Aber wer konnte ihnen verbieten, sich gern zu haben und zärtlich zu sein? Das Eine nur wünschte sie sich vom Leben, einmal wenigstens wollte sie geliebt werden, mehr nicht. Auch sie wurde schwanger. Auch sie gebar eine Tochter.

Noch am Tag der Geburt ging der Bauer zum Pfarrer, berichtete ihm von dem Fehltritt seiner Magd und der Frucht ihrer Sünde. Der Pfarrer bestellte das Kind zur Taufe, am folgenden Tag. Die Bäuerin brachte das winzige Etwas in die leere Kirche. Nur einer war zur Taufe gekommen, ein uralter Riese, der mit seinem langen schlohweißen Haar und seinem zerfurchten Gesicht einem Baum glich, den die Blitze und Stürme in langen Jahren zerzaust, doch nicht umgeworfen hatten. Aufrecht stand er da. Unbeholfen und doch zärtlich nahm er das Neugeborene auf seine Arme. Die Urenkelin, sollte sie wieder „Resi" heißen?

„Nein", sagte der Pfarrer – Schiller hieß er, der Fanatiker, der ehemalige Jesuit, der den Orden verlassen hatte, als der Preuße Bismarck seine Ordensbrüder aus Deutschland verjagte. „Nein", sagte der Pfarrer nochmals, „Kinder der Sünde werden nach dem Heiligenkalender benannt, nach dem Heiligen des Tauftages!" Im Kalender aber stand der Name „Rosalia". Der Riese ließ es geschehen. Rosalia, das klang fast genauso wie Resi. Er hatte gehört, dass es so viel bedeutete wie „Kleine Rose". Seine Tochter „Resi", seine Enkelin, alle, die seinem harten Stamm entsprossen waren, so erkannte er, waren strahlende Rosen, und daher kam es wohl, dass das neugeborene Wesen schon bald „Röserl" genannt wurde.

Fünf Jahre noch waren ihm vergönnt, während deren seine Enkelin Resi fast täglich mit dem „Röserl" in seine enge Wohnung kam, fünf Jahre verspäteten Glücks, Jahre der Hoffnung. „Opa", nannte ihn das Röserl. Nun bereute er, dass er in jenem kalten Winter, als die Eisblumen am Fenster die Sicht ins Freie versperrt hatten, sein selbstgezimmertes kleines Haus eingetauscht hatte gegen hundert Bündel „Bündelholz". Vielleicht hätte ja die Resi mit ihrem Kind bei ihm wohnen können.

Das neue Jahrhundert brach an. Der Riese war müde geworden. Er fühlte, dass seine Zeit abgelaufen war. Noch einmal, bevor er starb, besuchte ihn seine Enkelin mit ihrem Kind. Wieder einmal war sie schwanger. Sie wusste nicht, wie es weitergehen sollte. Auch der

Vater des zweiten Kindes, das sie erwartete, ein junger Müllergeselle, hatte sie sitzen lassen. Der Riese blickte seine Enkelin lange an. Was würde aus ihr werden? Es war gut, dass er es nicht wusste. Was sollte sie auch anfangen, die Magd, die weder lesen noch schreiben konnte? Zwanzig Lebensjahre sollten ihr noch vergönnt sein, zwanzig Jahre harter Arbeit. Aus der ausgelassenen Wilden sollte eine bleiche Frau werden, deren Herz nicht mehr mitmachen würde. Bei all den Männern, die sie begehrte, würde sie nicht die Heimat finden, die sie suchte. Eines allerdings würde ihr gelingen: sich zu befreien aus den Zwängen des Dorfes und in die große Stadt zu ziehen. Doch wie so viele, die in ein neues Leben aufbrachen, würde sie enttäuscht werden. Arbeit bei der „Städtischen Straßenbahn" würde sie finden, Tag für Tag, bei Regen und Schnee, würde sie in ihrer Uniform, einem langen schwarzen Rock, schon früh morgens auf der Straße stehen und den Schmutz aus den Schienen kratzen. Sie würde bei einem Mann wohnen, der jeden Abend betrunken nach Hause kommen, die Möbel zertrümmern, sie anbrüllen, sie verprügeln würde. Sie würde todkrank im Bett liegen. Er würde hereinkommen, würde brüllen. Sie würde, sterbensschwach, nicht antworten. Er würde ihr die Zähne einschlagen. Dann würde sie sterben ...

Doch all das erlebte der Riese nicht mehr. An seinem Grab stand seine Enkelin mit dem „Röserl".

Eine Kindheit und eine Jugend

Der Bauer duldete die Kinder nicht länger im Haus. Sie würden ihn arm fressen, sagte er. Eines nach dem anderen musste die Resi weggeben, zuerst die Rosl, wie man sie jetzt nannte, dann die Walburga, die „Wally".

So kam es, dass die Rosl, kaum fünf Jahre alt, in einen anderen Bauernhof gegeben wurde, um zu arbeiten. Sie wurde „Gänsemagd". Um die Gänse und Enten musste sie sich kümmern, barfuß, mit einer kleinen Rute in der Hand, am nahen Weiher, am Bach, der am Hof vorbeifloss. Am Abend musste sie die Tiere nach Hause bringen. Da blieb ihr oft nichts anderes übrig, als selbst in den Bach zu springen und sie heim zu scheuchen. Todmüde sank sie in ihr Bett, einen alten Strohsack auf dem Dachboden. An die Ratten, die sie weckten, hatte sie sich bald gewöhnt.

Sie magerte ab, sie wurde krank. Mehrere Wochen lag sie mit zehn anderen kranken Kindern in einem von einem Dorfarzt eingerichteten Saal. Doch dann folgten die schönsten Monate ihrer Kindheit. Ihre Mutter, die Resi, hatte einen Freund gefunden, der den Arzt bezahlte. Dann suchte er eine Pflegestelle in der Stadt. Noch Jahrzehnte später leuchteten Rosls Augen, wenn sie von ihrer Pflegemutter, einer resoluten und liebevollen Frau, erzählte. Zehn halbnackte Kinder tummelten sich in ihrer kleinen Wohnung. Sie hatten genug zu essen und zu trinken. Zwar blieb nicht aus, dass sie erkrankten, an den Masern, den Windpocken, an Scharlach. Doch die Pflegemutter heilte alle. Wenn eines von den Kleinen krank war, tauchte sie es in das eiskalte Wasser im Wäschetrog. So stand es im Buch „Mein Testament für Gesunde und Kranke", dem Buch des Sebastian Kneipp, das ihr wichtiger war als die „Heiligenlegenden".

Die schönen Tage in der Stadt gingen vorüber. Rosls Mutter drängte darauf, dass sie zur Schule ging. Sie gab sie in ein protestantisches Dorf. Doch die Kinder des Ortes spielten mit ihr ein Spiel, das sie „Römisches Beichten" nannten und das damit endete, dass alle auf sie einschlugen. Da holte sie die Mutter in ihr Dorf zurück, zu einem Bauern, ganz in ihrer Nähe. Sie hatte Glück: sie durfte weiter in die Schule gehen. Ihr Lehrer war ein Mensch, wie sie noch keinen erlebt hatte, ganz anders als der Pfarrer Schiller, der sie ein „Kind der Sünde" nannte, sie für ihre „Vergehen" in sein Buch eintrug, und das bedeutete, dass sie jeden Monat beim großen „Zahltag" zum Pult vorkommen musste, wo der Pfarrer die Schülerinnen und Schüler für ihre Sünden bestrafte, mit dem Stock auf die ausgestreckte Hand: einmal, zweimal ... fünfmal, sechsmal.

Der Lehrer schlug nicht zu. Er war gütig, er war verständig, auch wenn die Leute im Dorf von ihm, seiner

Frau und seinen sechs Kindern Schlimmes erzählten. Er gehe nicht jeden Sonntag in die Kirche, sagten sie. Er sei ein gottloser Mensch, denn das Vaterland sei ihm gleichgültig, habe er doch die Partei der Gottesleugner gewählt. Er sei – jetzt war es heraus – ein „Sozialdemokrat".

Rosl wusste von alledem nichts. Sie liebte ihren Lehrer, der ihr zuhörte, wenn sie ihm nach dem Unterricht erzählte, was sie erlebt, was sie gedacht, was sie geträumt hatte. Er schenkte ihr ein Buch, das sie wie einen geheimen Schatz vor der Bauernfamilie verbarg. Wenn sie allein draußen auf dem Feld saß, wo sie die Kühe hütete, nahm sie das Buch aus der Tasche mit dem kärglichen Vesperbrot und las und las, und flog weit weg in eine andere Welt.

Das Buch des Lehrers erzählte die wunderbare Geschichte von der Pfalzgräfin Genovefa, deren Gatte Siegfried bald nach der Hochzeit in den Krieg zog und sie in der Obhut des bösen Statthalters Golo zurückließ, der ihr nachstellte, der sie verführen wollte, und sie, als sie sich wehrte, der schlimmsten Verbrechen beschuldigte. Sterben sollte sie mit ihrem neugeborenen Kindlein, dem sie den Namen „Schmerzensreich" gab, ermordet mitten im tiefen Wald. Doch die liebe Mutter Gottes half ihr und schickte eine Hirschkuh, die dem Kindlein ihre Milch schenkte, fünf lange Jahre hindurch, bis ihr Gemahl sie schließlich in der Einsamkeit ihrer Höhle fand und den bösen Golo bestrafte.

Rosl, inzwischen elf Jahre alt, verstand die Geschichte recht gut, schien doch der Bauer, bei dem sie diente, ganz dem schrecklichen Golo zu gleichen. Nichts konnte sie ihm Recht machen. Schon gar nicht durfte sie Bücher lesen. Es regnete Schläge. Eines Tages kam er zu ihr ins Zimmer, die Geißel in der Hand, mit der er die Ochsen antrieb. Er zwang sie, sich auszuziehen, und als sie so vor ihm stand, schlug er wie ein Verrückter auf sie ein. Erst als sie wimmernd am Boden lag, am ganzen Körper überzogen von blutigen Striemen, ließ er von ihr ab. Nicht ihm, sich selbst gab sie die Schuld und schämte sich. Niemand sollte davon erfahren.

Der Lehrer jedoch merkte, dass mit dem Mädchen etwas nicht stimmte. Er fragte sie, ob sie krank sei. Nein, es gehe ihr gut, sagte sie. Doch der Lehrer fragte weiter und weiter. Da brach es aus ihr heraus. Tränenüberströmt erzählte sie stockend und voller Scham, was geschehen war. Der Lehrer brach das Schweigen, das die Dorfbewohner in solchen Fällen bewahrten. Rosl wurde von einem Arzt untersucht. Es kam zu einer Gerichtsverhandlung. Der Bauer wurde zu einem Jahr Gefängnis verurteilt. Die Dorfbewohner gaben ihr die Schuld und schonten auch ihre Mutter nicht mit Vorwürfen. Doch die zog in die Stadt, weit weg von ihren Töchtern.

Sie selbst aber musste gerade jetzt die vier Jahrgänge umfassende Klasse des ihr vertrauten Lehrers mit der Klasse der großen Schülerinnen vertauschen. Dort regierte die katholische Ordensschwester Maria Florida mit eiserner Hand. Wie für den Pfarrer Schiller war sie für die Schwester ein „Kind der Sünde", das gezüchtigt und auf die rechte Bahn geführt werden musste. Der Bauer, bei dem sie jetzt „diente", scheint ähnlich gedacht zu haben: sie musste arbeiten wie eine Erwachsene. Sie melkte die Kühe, stand hoch oben mit der Gabel auf dem Heuwagen. In dieser Zeit war es auch, dass sie entdeckte, wie in ihrem Körper etwas vor sich ging. Ihre Brüste wuchsen, wurden groß und prall, während ihre Mitschülerinnen noch immer kleine Kinder schienen. Den jungen Burschen gefiel das schwarzhaarige Mädel, vor allem einem, dem gleichaltrigen Anton, dem Sohn des Wirts.

Die sieben Schuljahre waren vorübergegangen. Rosl verließ ihr Dorf, für immer. Die Mutter hatte ihr eine Stelle als Hausmädchen in einem Café in der Stadt besorgt. Es war ein Schritt in die Freiheit, aber auch ein Schritt in die Fremde. Gewissenhaft tat sie, was ihr aufgetragen wurde, doch sie blieb scheu und ängstlich. Das änderte sich im Jahr darauf. Ein Friseur mit einer großen Kinderschar hatte sie angestellt. Sie mochte die Kinder gern, spielte mit ihnen die Spiele, die ihnen ihre Mutter gelehrt hatte, lernte die Verse und Volksweisheiten auswendig, die diese Frau weitergab, wie den Spruch: „Älter wird man, Kinder kriegt man und mit der Zeit vielleicht auch einen Mann." Der älteste Sohn des Friseurs verliebte sich in sie; der Sohn des reichen jüdischen Kaufmanns machte ihr einen Heiratsantrag.

Sie war noch keine sechzehn, als ihr der Mann begegnete, von dem sie in hohem Alter sagte, er sei der erste Mensch gewesen, der sie wirklich gern hatte, und dem sie selbst mit Haut und Haaren, mit allen Fasern ihrer Seele und ihres Körpers verfallen war wie keinem anderen nachher. Er war der Sohn eines angesehenen Bürgers und Fabrikbesitzers, ein junger Mann, schick gekleidet mit vornehmen Manieren, Georg mit Namen. Doch er war der „missratene Sohn", das „schwarze Schaf". Er war zum Studium in die Landeshauptstadt geschickt worden und hatte es dort weit gebracht, doch nicht im Studium. Sein Geld hatte er in ein einträgliches Projekt gesteckt. In einem Lokal im Zentrum der Hauptstadt à la Moulin Rouge in Paris ließ er eine Gruppe von Tänzerinnen auftreten, die sich anschließend mit ihren Kavalieren in ihre Zimmer zurückzogen. Wenn er jedoch in seine Heimatstadt kam, verwandelte er sich zurück in einen soliden Bürgersohn.

Da nun lernte er Rosl kennen. Er nannte sie „Röserl", wie einst Ludwig, der Urgroßvater. Sie verliebten sich in einander, und es besteht kein Zweifel, dass ihre Liebe echt war, auch wenn beide im andern ein Idealbild sahen, das von der Wirklichkeit verschieden war. Sie berührten sich, sie küssten sich. „Komm im Urlaub zu mir nach München!", sagte er beim Abschied, „ich zeig dir die Stadt."

So fuhr Rosl im Dezember 1911, kurz vor Weihnachten, mit dem Zug so weit von Zuhause weg wie nie zuvor. Sie wollte ihn wieder sehen, ihm nahe sein, auch wenn ein Gedanke sie quälte. Kurz vor der Abreise hatte eine Zigeunerin ihr aus der Hand gelesen. „Du wirst 82 Jahre alt werden und sieben Kinder kriegen, du wirst bald heiraten", hatte sie gesagt, doch dann hinzugefügt: „Aber der, den Du jetzt hast, wird nicht Dein Mann." „Ist doch alles Unsinn", dachte sie in den langen Stunden, in denen der Zug durch die verschneiten Wälder und Wiesen der Landeshauptstadt entgegen dampfte. „Er und kein anderer wird mein Mann."

Der Zug hielt. Sie stieg aus. Er stand am Bahndamm, jung, groß, stark. Sie küsste ihn, schüchtern, flüchtig. Noch am gleichen Tag zeigte er ihr einige Sehenswürdigkeiten der Stadt. Am Abend führte er sie in seine Wohnung. Er öffnete eine Flasche Sekt. Sie fühlte sich wie in einer anderen Welt, wie Aschenputtel im Märchen, und sank todmüde in ihrem Zimmer ins Bett. Sie schlief bis in den tiefen Morgen. Als sie in das große Wohnzimmer trat, stand das Frühstück schon auf dem Tisch. Draußen schien die Sonne leuchtend auf die schneebedeckten Straßen. Eng an ihn geschmiegt entdeckte sie mit ihm die fremde Stadt.

Der Abend kam. „Röserl", sagte er, „jetzt zeig ich dir den Ort, wo ich am liebsten arbeite." Sie gingen durch schmale Gassen, vorbei an hell erleuchteten Gasthäusern, bogen in einen Hinterhof ein und standen vor einer Tür, über der in großen Buchstaben „Das Neue Münchener Brettl" zu lesen war. Daneben der Name von Rosls Freund, der als „Singspieldirektor" bezeichnet wurde. Darunter las man das Programm: „Theater ohne Männer! Sie sehen in unserer dramatischen Revue unsere berühmte Frauengarde mit ihren neuen Liedern und Tänzen. Wir wünschen eine fröhliche Unterhaltung."

Georg führte sein „Röserl" in einen Raum mit Tischen und Stühlen, den man als Wirtshaussaal bezeichnet hätte, wäre da nicht auch so etwas wie eine Bühne gewesen. In einer Ecke stand ein großer Christbaum. Im Saal saßen Gäste, fast nur Männer. Man trank Bier, da und dort stand eine Flasche mit Wein oder Sekt, der Geruch von Zigarrenrauch hing in der Luft. Mädchen in bunten Theaterkostümen mit weit ausgeschnittenem

Dekolleté bedienten die Gäste, setzten sich zu ihnen, tranken mit ihnen.

Dann begann die Vorstellung. Eine Frau trat auf, die Ziehharmonika spielte und dazu einen bayerischen Volksgesang mehr schlecht als recht zu Gehör brachte. Ähnliche Darbietungen folgten. Der Höhepunkt war der Tanz der Frauengarde, bestehend aus sieben Mädchen, die zu den Tönen der Ziehharmonika sich „Orpheus in der Unterwelt" zuwandten, ihre Beine in die Höhe schwangen und den Anwesenden die Pluderhosen zeigten, die sie unter ihren langen Röcken trugen.

„Röserl", fragte er, „hat es dir gefallen?" Rosl wusste nicht recht, was sie sagen sollte. Es war alles viel zu neu für sie. „Ja, es hat mir gefallen", stammelte sie. „Schau, Röserl", sagte er, „möchtest du nicht bei mir bleiben? Du würdest gut zu meiner Garde passen."

Spät am Abend gingen sie nach Hause. Es kam ihr in den Sinn, dass Heiliger Abend sei. Georg, den sie darauf ansprach, meinte nur: „Das müssen wir feiern". Er öffnete wie am Vortag eine Flasche Sekt. Rosl trank mit ihm. Ihre Gefühle verliefen sich. Alles war so ungewohnt, alles so neu. Sie war glücklich, und gleichzeitig voller Angst. Sie wünschte, den Augenblick festhalten zu können. Sie spürte, dass er ihr entgleiten würde. Die graue Eintönigkeit ihres Lebens als Hausmädchen kam ihr in den Sinn. Aber da war der Mann neben ihr, groß, jung, stark. Er wenigstens würde sie nie mehr verlassen. Sie drückte ihren Kopf an seine Schulter. Lachen, Weinen. Er nahm sie in die Arme, trug sie in seine Kammer, in sein Bett.

Wie zärtlich er doch war! Er küsste sie, auf ihren Mund, auf ihre Brüste, seine Küsse bedeckten ihren Körper. Ihre Körper wurden eins. Schmerz, Freude, Glück, Seligkeit. War das der Himmel? Sie schmiegte sich eng an ihn. Er wartete, bis sie eingeschlafen war. Dann erst wandte er sich zur Seite.

Es folgte ein wunderbarer Weihnachtstag, an dem niemand existierte als nur diese zwei Menschen. Tags darauf fuhr sie zurück. Das 16jährige Dienstmädchen, das Aschenputtel aus dem Dorf, war kein Kind mehr.

Neun Monate später, am 25. September 1912, kam ein Junge zur Welt, der Georg heißen sollte wie der Vater. Der kam zur Taufe aus München. Er sprach von der baldigen Heirat. Dann reiste er wieder in die große Stadt, ... und verschwand. Er schien vom Erdboden verschluckt. Alle Briefe, die Rosl ihm schickte, blieben unbeantwortet. Schließlich kamen sie zurück mit dem Vermerk „Unbekannt verzogen".

Sie war allein in der Stadt mit einem Säugling, ohne Geld. Der Vater des Kindes unauffindbar. Da war es gut, dass wenigstens die Geschwister Rosl unter die Arme griffen, und das Kind zu sich nahmen, solange sie nun wieder in einem Café arbeitete.

Noch immer träumte sie von der Ehe, träumte davon, mit sich und ihrem Kind in einer Familie geborgen zu sein, und wenn Georg, den sie abgöttisch liebte – und zugleich tief in ihrem Innersten fürchtete –, sich nicht mehr sehen lassen sollte, dann eben ein anderer.

Der Sohn des Gastwirts

Der Waldarbeiter, Fuhrunternehmer und Metzgermeister Alfons war aus einem Nachbardorf in Rosls Heimatort zugewandert. Der Sohn eines Bauern, von dessen fünfzehn Kindern zehn die ersten Lebensjahre überlebten, hatte herzlich wenig von seinem Vater geerbt. Eines allerdings hatte der seinem Sohn mitgegeben: er hatte ihn einen Beruf erlernen lassen, mit dem er etwas anfangen konnte. Und da seine Frau, Tochter eines reichen Bauern, die ebenfalls von auswärts kam, eine begnadete Köchin war, deren Künste der Graf zu schätzen wusste, war die Zukunft der beiden gesichert. Alfons wurde Pächter der gräflichen Bahnhofswirtschaft und der Graf ließ es sich nicht nehmen, am Karfreitag jeden Jahres mit großem Gefolge zum „Schneckenessen" in die Wirtschaft zu kommen.

Neun Kinder hatten die Wirtsleute, zwei Mädchen und sieben Jungen. Der Älteste starb im Alter von zehn Jahren. Nun stand der zweite, Josef, an der Spitze der Kinderschar. Er musste sich um die Jüngeren kümmern. So gescheit Josef war, so faul konnte er sein. Es fehlte auch nicht an Zusammenstößen mit seinem

Vater, dessen Zornausbrüche berühmt waren. So verzieh ihm der Vater nicht, dass er als Siebenjähriger mit schwarzer „Karrenschmiere" das Gasthaus auf allen Seiten mit seinen in der Schule erlernten Schreibkünsten verziert hatte. „Das Pferd kann traben", war da schwarz auf weiß zu lesen. Er dachte dabei an das Pferd im Stall seines Vaters, das er liebte. Doch anstatt ihn zu loben, wollte ihn der Vater verprügeln ... In der Hoffnung, dass dessen Wut allmählich verrauchte, schloss er sich in seiner Kammer ein. Doch plötzlich stand der Vater mitten im Zimmer. Er war auf einer Leiter zum ersten Stock hochgestiegen und durch das offene Fenster hereingekommen.

Wenn der Vater wütete, glich er einem Orkan. Wenn die Gäste im Wirtshaus allzu laut grölten, sprang er auf einen der Tische und jagte alle im Saale hinaus, wenn ein Ochs auf dem Weg zur Schlachtbank sich wehrte, packte er ihn bei den Hörnern und schüttelte ihn mit Gewalt, als er glaubte, ein italienischer Hausierer habe sich an seiner Frau vergriffen, schlug er ihm mit seinem Metzgerbeil einen Finger ab. Josef, der Sohn, nahm sich vor, nicht so zu werden wie sein Vater. Er entwickelte eine gänzlich andere Strategie, die er im Laufe seines Lebens immer weiter ausbaute. „Warum denn gleich dreinschlagen?", sagte er sich. „Das bringt nichts. Tu das, was unbedingt nötig ist, und freue dich, dass du lebst! Probleme kann man auch dadurch lösen, dass man sie nicht sieht. Im Übrigen, vertrau auf deine Schlauheit!" Später nannte man ihn den „braven Soldaten Schwejk". Von seiner Mutter lernte er zudem zwei Dinge: Das Kochen und die Güte.

Seine Güte war es, die ihn veranlasste, unfolgsam zu sein. Auf dem Tisch stand die Schlachtschüssel: Speck, Schinken, Würste. „Bring das hinüber zum Pfarrer Schiller!", sagte der Vater. Josef nahm die Schüssel und ging. Nicht zum Schiller ging er, diesem ekelhaften Menschen, der den reichen Bauern nach dem Mund redete und alle anderen, die Armen, die Taglöhner, die sündigen Knechte und Mägde, die nicht heiraten durften, in die Hölle abkommandierte. Josef schlich mit seiner Schüssel am Pfarrhaus vorbei. Erst bei dem kleinen Haus des Lehrers am Ortsrand hielt er an. Er läutete. Der Lehrer kam heraus. „Viele Grüße von meinem Vater. Er schickt Euch die Schlachtschüssel. Aber Ihr sollt euch nicht bedanken, sonst ärgert er sich!"

Josef mochte den Schiller nicht. Und ausgerechnet der kam eines Tages, als Josef schon in der siebten Klasse – der letzten – war, zusammen mit dem Bürgermeister ins Haus. Sie wollten den Vater sprechen. Josef wurde gerufen. Da erfuhr er: da er doch der beste Schüler sei, hätten der Schiller und der Bürgermeister beschlossen, er solle Pfarrer werden. Sie hätten ihn schon im „Konfickt" angemeldet. Die Gemeinde werde sein Studium bezahlen. Der Schiller redete ihm gut zu, und zur Bestätigung, dass er sein Bestes wolle, schenkte er ihm eine Handvoll Münzen.

Doch Josef wollte nicht Pfarrer werden wie der Schiller, und ins „Konfickt" wollte er schon gar nicht. Dazu hatte er die Mädchen viel zu gern. Offen Widerstand zu leisten, war jedoch nicht seine Stärke. So beschloss er, bald nach seinem Schulabschluss zu verschwinden. Er war dann einfach nicht mehr da und der Schiller musste einen anderen Pfarrerlehrling suchen. Sein Fluchtplan reifte.

Es war an einem Sonntagmorgen. Die Eltern waren beide aus. Sie besuchten den Gottesdienst: die Mutter führte ihr neues Kleid vor, der Vater beschäftigte sich während der Predigt draußen vor der Tür mit dem Viehhandel. Josef bat seinen Bruder Alfons an seiner Stelle auf die kleinen Geschwister aufzupassen. Dann packte er seine wenigen Kleider in eine Tasche. Der Zug dampfte um die Ecke, die Münzen des Pfarrers reichten für die Fahrt ins nahe Gebirge. Er wanderte durch das wilde „Gunzesrieder Tal" hinauf zur Alm, in der man, wie er ausgekundschaftet hatte, einen jungen Gehilfen suchte, der sich um die Kühe, um das Melken, die Milch kümmerte. Dort fühlte er sich sicher. Eines Tages kehrte ein bärtiger, alter Jäger in der Hütte ein: Luitpold, der Prinzregent.

Josef wollte sich in seinem neuen Beruf weiterbilden. Er ging hinunter ins Tal, in die große Käserei, lernte den Beruf des Käsemachens, lebte zusammen mit einer Schar von Lehrlingen und Gesellen, aß Tag für Tag Käsespatzen, wurde schwer krank. Typhus! Die jungen Burschen starben im Krankenhaus wie die Fliegen. Zuletzt lag Joseph allein im Zimmer. Er überlebte und kam in die Käserei zurück. Dort entdeckte ihn nach zwei Jahren vergeblichen Suchens sein Vater. Mit dem Fahrrad kam er, einem Fahrrad, das keinen Freilauf besaß und mit dem man nur bergab fahren konnte. Der Vater erlaubte ihm, den Gesellenbrief zu machen. Als „gelernter Käser" kehrte er ins Dorf zurück.

Dass er nicht lange blieb, hatte mit dem Schiller zu tun. Das kam so: In der Käserei hatten die Gesellen viel von der neuen Partei, der Sozialdemokratie, erzählt, die endlich für Gerechtigkeit sorgen wollte. Nun ging er zu seinem alten Lehrer und ließ sich von ihm in die Partei einschreiben. Am folgenden Sonntag beim Gottesdienst wurde er zum Mittelpunkt, mehr als der Pfarrer, mehr als alle Heiligen, die in der Kirche auf ihren Säulen herumstanden und auf die Dorfbewohner starrten, mehr sogar als „der liebe Gott in der schneeweißen Hostie". Pfarrer Schiller stand hoch und erhaben auf der Kanzel, streng wie der Richter des Jüngsten Tages, und noch ehe er seine Predigt begann, hatte er eine Nachricht zu verkünden, die die Menschen im Dorf erstarren ließ. „Unsere Gemeinde", sagte Pfarrer Schiller, „hat einen Sohn verloren." Und er ließ keinen Zweifel darüber, wen er meinte. Alle in der Kirche blickten auf Josef, blickten auf seinen Vater, der, hinten in der Kirche stehend, vor Scham und Schrecken zu taumeln begann, während die Heiligen auf ihren Säulen den Kopf schüttelten.

Ein zweites Mal verließ Josef sein Heimatdorf, diesmal für immer. Er ging in die Stadt, in die „Käsefabrik Bilger". Wenig später wurde er für den Militärdienst gemustert. Da er inzwischen keinen Käse mehr sehen, noch viel weniger riechen konnte, meldete er sich freiwillig, über das Dienstjahr hinaus. Sein sehnlichster Wunsch, der reitenden Truppe zugeteilt zu werden, ging in Erfüllung. Fortan gehörte er zum Regiment „Thurn und Taxis Chevaux Légers", das bei den Mädchen beliebt war wie kein anderer Teil des Heeres, denn nicht jede konnte das Lied singen: *„Mein Schatz, der ist cin Schwolischeh"*. Zahlreiche Geschichten wusste Josef später aus dieser Zeit zu erzählen, und nicht immer endete alles so gut wie im Jahre 1911, als die im Kloster Scheyern einquartierten Soldaten den Heuschober anzündeten und anschließend eifrig löschten. Dafür gab's Freibier von den Mönchen.

Ein „Schwolischeh" war ein besonderer Soldat. Die Schwolischeh hatten rote Streifen an der Hose wie die Offiziere. Mit diesen Streifen an der Hose kam Josef in die Stadt nahe bei seinem Heimatdorf, er, der verlorene Sohn. Ein Dressurreiten fand statt, die Bevölkerung war eingeladen. Viele kamen, um den Sohn des Gastwirts zu sehen. Unter ihnen war die eine, auf die Josef im Stillen hoffte: Rosl aus der Klasse seines um sieben Jahre jüngeren Bruders Anton. Noch nie zuvor waren Reiter und Pferd so auf einander abgestimmt wie jetzt, im Schritt, im Trab und Galopp. Wenn Pferd und Reiter in der Traversale sich bei den Klängen der Musik bewegten, bildeten beide eine unzertrennliche Einheit. Rosl war begeistert von den Reitkünsten des jungen Schwolischehs.

Später lernten sie sich näher kennen. Josef sagte der Rosl, er wolle sie heiraten. Der kleine Georg in der Wiege sei kein Hindernis. Er werde ihn adoptieren. Auch ihr gefiel der Soldat, der nicht nur des Kaisers Rock, sondern auch des Kaisers Bart trug. Bald darauf wurde sie erneut schwanger. Er habe sie geschwängert, damit sie in die Heirat einwillige, sagte sie später. Sie beschlossen gemeinsam in die nahe Garnisonsstadt zu ziehen, auch wenn Josef jetzt die Uniform des Schwolischehs mit der des Ulanen vertauschen musste. Die Stadt, in der sie in Zukunft leben sollten, war Rosl jedoch nicht völlig fremd: hier hatte sie die schönsten Tage ihrer Kindheit bei der von Pfarrer Kneipp begeisterten Pflegemutter verlebt, hier hatte sie nach ihrem Schulabschluss in einem Café eine Arbeit gefunden.

Ein Tisch, zwei alte wacklige Stühle, zwei Strohsäcke auf dem Fußboden, in einem winzigen Zimmer – so begann die Gemeinsamkeit. In der Ecke stand ein uralter, verschlissener Koffer.

Den hatte Josef mitgebracht. Alles, was er enthalten hatte, war schmutzige Wäsche und ein Unmenge „Unterhaltungshefte zum Preis um 30 Pfennig". „Der neue Rinaldo Rinaldini" stand auf einem Titelblatt. Das war alles.

Kurz nach Weihnachten, zwei Jahre nach der Reise Rosls in die große Residenzstadt, heirateten sie. Der kleine Georg wurde akzeptiert, Josef war entschlossen ihn nach der Trauung zu adoptieren. Um 11 Uhr sollte die Hochzeit stattfinden. Das Brautpaar und einige wenige Gäste warteten in der Kirche. Um 12 Uhr wagte es Josef, zum nahen Pfarrhaus zu gehen und nach dem Pfarrer zu fragen. Nach längerem Klingeln erschien er. Er hatte die Hochzeit vergessen. Dann kam er und traute das Paar. Es musste schnell gehen, denn im Pfarrhaus wartete sein Mittagessen.

Anfang März kam ihre Tochter Johanna – sie nannten sie Hannele – zur Welt. Sie fanden eine Wohnung im Zentrum der Garnisonsstadt, in einem uralten Haus, in einer engen Gasse, in der die Sonne nie aufzugehen schien. Man betrat das Wohnzimmer direkt von der Straße aus, doch so, dass man eine Stufe nach unten steigen musste. Sie kauften Möbel, obwohl sie kein Geld hatten. Sie machten Schulden. Der Verkäufer verlangte 30 Prozent Zinsen.

Der große Krieg

„Und haben's die Soldaten kein Geld, dann ziehen sie mit dem Kaiser ins Feld", sangen die Kinder, sangen die Mädchen, sangen die Soldaten. *„Der Franzmann auch"*, sangen sie, *„der Franzmann auch, zeigt wieder seine Klauen. Sie wollen an den deutschen Rhein, wir aber nach Paris hinein. Wir werden sie, wir werden sie, wir werden sie verhauen."*

„Ich kenne keine Parteien mehr. Ich kenne nur noch Deutsche", hatte der Kaiser gesagt, als er zur Verteidigung des Vaterlandes rief. Die Deutschen folgten ihm. Auch Josef, der vaterlandlose Geselle. Doch mit der schnellen Heimkehr an Weihnachten 1914 wurde es nichts, und die Begeisterung war bald verflogen.

Dem Josef wurde das eigene Leben wichtiger als alle vaterländischen Parolen. Die Themen der Postkarten, die er aus dem Feld schickte, veränderten sich. Vorbei war es mit dem Spruch: *„Lieb Vaterland, magst ruhig sein! Fest steht und treu die Wacht am Rhein."* An seine Stelle traten Soldatenärsche auf der Latrine. Darunter die Zeilen: *„Scheiß nach Süden, scheiß nach*

Norden, scheiß auf Titel, scheiß auf Orden! Scheiß in alle Schützengräben, scheiß hinein und nicht daneben!" Jahrelang lag Josef in den Ardennen im Schützengraben, bemüht, den Kopf nicht zu weit herauszustrecken, denn sonst wäre er plötzlich nicht mehr da gewesen. Doch für eine Stunde in der Woche war Waffenstillstand. Franzosen und Deutsche gingen zum Brunnen zwischen den Linien, nicht nur um Wasser zu schöpfen, sondern auch um Kleinigkeiten zu tauschen: Zigaretten, Schokolade.

Im Feld kam dem Josef zugute, was er als Kind gelernt hatte und was ihm später den Namen „der Schwejk" eintrug. Er gehörte gewissermaßen zum Offizierskorps. Die Pferde der hohen Herren waren ihm anvertraut, aber auch deren Mägen, weshalb er zum „Häkselmajor und Fouragemeister" befördert wurde. Doch gerade dieser Job verband sich mit einem Kriegserlebnis, das ihn verwirrte und das er nie vergaß.

Für die Verpflegung der Offiziere sorgen, organisieren, konfiszieren. Das gehörte zu seinem Dienst, auch an diesem Tag. Ein Offizier hatte Geburtstag. Ein Schwein musste besorgt werden, ein fettes Ferkel, ein feindliches Ferkel, geraubt, ermordet, gebraten musste es werden, gegessen musste es werden, gefressen, vernichtet musste es werden, für immer. „Josef, besorg uns das Schwein, da drüben beim Bauern, beim feindlichen Bauern!" Josef ging. Ein Rittmeister begleitete ihn. Ein Schwein, un Cochon, wollten sie von dem Bauern, einem alten Mann, dessen Sohn gefallen war, gefallen für la Patrie, für La France, für das Vaterland. Der Bauer war arm, seine zwei Schweine waren mager, ein Ferkel hatte er nicht. Nun redete er auf den Rittmeister ein, gestikulierte mit den Armen, deutete auf eine Scheune am nahen Wald. Josef verstand nichts von dem Französisch, doch er ahnte, worum es ging. Der Mann hatte dem Rittmeister erklärt, sein reicher Nachbar habe seine Schweine in der Scheune versteckt.

Es quickte, es grunzte. Schweine, Schweine, nichts als Schweine, junge, alte, große, kleine. Josef wählte ein Ferkel aus. Er packte zu, es wehrte sich ... Ein Schuss fiel. Joseph drehte sich um. Zu seinen Füßen lag eine junge Frau, ein wunderschönes Mädchen, die Tochter des Bauern, verblutend im Schweinemist, tot. Noch immer umkrampften ihre Hände die Mistgabel, die sie dem Schweinedieb in den Rücken stoßen wollte. Plötzlich war sie da. Der Rittmeister schoss. Sie starb. Der Rittmeister schoss ein zweites Mal. Das Ferkel starb. Josef verstaute es in einen mitgebrachten Sack. Er schlachtete das Tier, wie er es von seinem Vater gelernt hatte, er briet es, wie es ihm seine Mutter gezeigt hatte. Die Offiziere feierten, aßen, tranken, grölten die *„Wacht am Rhein"*. Josef schlich davon.

Während der brave Soldat derart im fernen Frankreich das Vaterland verteidigte, kümmerte sich seine junge Frau mit den beiden Kindern um die Heimatfront. Es gelang ihr, mit ihren Sorgen bis zum Bürgermeister vorzudringen. Der wies der Rosl eine städtische Wohnung zu, inmitten der Stadt. Das sei man einem Verteidiger des Vaterlands schuldig.

Ein unerwarteter Besuch

Jahrhunderte alte Häuser, grau und schmutzig, drängten sich um das erhabene Gotteshaus in ihrer Mitte. Die Gassen waren schmal und ließen keinen Sonnenstrahl in die winzigen Wohnungen. Wollte man die Bewohner der Deinselsgasse besuchen, und öffneten diese vergrämt und widerwillig ihre Türen, stand man vor einer Stufe, die nicht aufwärts, sondern abwärts führte, in ein enges Verlies: Wohnzimmer, Küche. In der Kammer nebenan standen die Betten für die ganze Familie. In eine solche Wohnung hatte es Rosl mit ihren Kindern Georg und Johanna verschlagen.

Dort stand sie eines Tages, bald nach Kriegsbeginn, am klapprigen Tisch neben dem Herd. Sie schnitt die geschälten Kartoffeln in Scheiben und warf sie zu den winzigen Teigknödeln in den Topf, in dem das Wasser zu sieden begann. Der kleine Georg lief halbnackt und krächzend durch das Zimmer. Johanna im Stubenwagen begann erbärmlich zu schreien.

Es klopfte. Es klopfte mitten am Tag, heftig, laut. Rosl erwartete keinen Besuch. Und doch bekam sie Besuch, keinen gewöhnlichen Besuch. Es war ein unerwarteter, unfassbarer Besuch aus der Vergangenheit.

In das Zimmer stürmte ihr alter Freund Georg, ihr Bräutigam, der Verschollene, abgemagert, doch noch immer groß, mächtig, stark. Kaum, dass er grüßte, kaum dass er einen Blick auf seinen kleinen Sohn warf. Er öffnete die Tür zum Schlafzimmer, sah hinein, kam zurück und brachte mühsam den Satz hervor: „Wo ist der Josef?"

Nach einer kurzen Pause brüllte er in äußerster Wut: „Ich bring ihn um."

Der kleine Georg kroch in eine Ecke. Johanna begann noch lauter zu schreien. Rosl tauchte den Schnuller des Kleinen in ein Glas mit selbstgemachter Johannisbeeren-Marmelade und steckte ihn dem Kind in den Mund. Die gleiche Prozedur für das Mädchen folgte.

„Was ist mit unserer Heirat? Er hat dich mir gestohlen", schrie er. „Wo ist er?"

Jetzt, endlich begann sie zu reden. Sie bat ihn, sich zu setzen. „Der Josef ist draußen im Feld", sagte sie. „Er verteidigt das Vaterland."

Georg wurde ruhiger. „Gut", murmelte er, „wenn er das Vaterland verteidigt ... Aber du hättest auf mich warten können."

Sie zog ihre Küchenschürze aus und setzte sich neben ihn. Ihr Herz klopfte, als wollte es zerspringen. Und sie spürte, dass sie ihn noch immer liebte, dass sie ihn mehr liebte als alles in der Welt. Es drängte sie, ihn zu umarmen, ihn zu küssen. Doch wie erstarrt blieb sie sitzen. Das Hannele fing noch heftiger zu brüllen an. Der kleine Georg lief herbei und starrte den starken Mann mit seinen großen Kinderaugen an.

„Ich hab auf dich gewartet", sagte sie leise und stockend, „hab dir geschrieben, hab dich gesucht. Du warst verschwunden. Niemand konnte mir sagen, wo du bist!"

„Im Gefängnis war ich", sagte er, „eingesperrt wegen Zuhälterei."

Es war still geworden in der dunklen, stickigen Wohnung. Lange saßen sie da und sagten kein Wort. Er suchte ihre Hand. Sie zog sie zurück.

Endlich stand sie auf, ging zum Herd und braute für sich und für Georg einen Kaffee, einen echten, wie sie ihn sonst nur an Feiertagen trank. Die Kaffeebohnen hatte sie sich in dem Café besorgt, in dem sie früher gearbeitet hatte.

Stumm tranken sie den Kaffee. Georg strich seinem Sohn über die Haare. Er wusste, es war Zeit zu gehen. Zum Abschied keine Umarmung, ein Händedruck, das genügte. Als er die Tür hinter sich geschlossen hatte, konnte Rosl endlich ihren Tränen freien Lauf lassen. Georg aber sollte sie nie wieder sehen.

An der Heimatfront

Andere außergewöhnliche Ereignisse im Leben Rosls sind aus den ersten Kriegsjahren nicht überliefert, es sei denn ihre Begegnung mit einem Stadtoriginal, dem mit einem Gemüsekorb – einem „Kretten" – durch die Stadt ziehenden „Krettenweber", der auf ihren Gruß „Guten Tag, Herr Weber", ihr nachschrie: „Hau ab, du Grabalaus, du Bluatshur!"

Sie entdeckte eine Kinderbewahranstalt, wo sie Georg und Johanna für einige Stunden unterbringen konnte, während sie zur Arbeit ging – einmal da, einmal dort –, um das Geld für das Nötigste zu verdienen.

Sie hatte Glück. Sie wurde Platzanweiserin im ersten „Kinematografen" der Stadt, zu einer Zeit, wo noch echte Musiker zu den laufenden Bildern spielten. „So schön wie damals", sagte sie später, „war das Kino nie wieder". Arbeit und Vergnügen schienen dasselbe. Das änderte sich, als sie mit anderen zum „Kriegseinsatz" verpflichteten Frauen Patronenhülsen verpacken musste. Derb ging es zu, wenn die von ihren Männern erzählten. Vor allem die Wilma gab mit sichtbarem Vergnügen ihre intimsten Erlebnisse preis.

„Wilma, erzähl!", riefen die andern. „Wie macht ihr's, wenn er was von Dir will?"

„Da gibt's nicht viel zu erzählen! Er fragt einfach: ‚Machen wir's oder machen wir's nicht'? Dann sag ich: ‚Wir machen's!' Darauf er: ‚Das Hemd hoch!' Und schon ist's passiert."

Gelächter! „Ja, ja", stöhnte die alte Gretl. Wie immer bei solchen Anlässen gab sie einen Vers zum Besten, den sie von ihrer Mutter gelernt hatte, und der lautete: *„Wenn unsre Magd kein Schatz nicht hat, dann macht sie's mit dem Daumen!"*

Rosl schwieg. Von der Zärtlichkeit, die sie bei den Männern gefunden hatte, wussten die nichts.

Dann kamen die Hungerjahre. Rosl war bei Bekannten zu einer Hochzeit geladen. Es gab Rübenkraut und einen Braten. Rosls Nachbar, ein alter bärtiger Maurer, brummte so laut, dass alle es hörten: „Wau! Wau!"

Josef kam in Urlaub. Er riet seiner Frau, sie solle sich, wenn die Not größer würde, an seine Mutter auf dem Dorf wenden. Die Bauern hätten genug zu essen. Zaghaft fragte sie an. Doch die Schwiegermutter, die noch immer darunter litt, dass ihr Josef keine reiche Bauerntochter geheiratet hatte, schrieb: „Es ist am besten, du bleibst, wo du bist". Wenigstens das Hannele durfte für einige Wochen zur Großmutter kommen.

Im September 1918 kam Rosls zweite Tochter, Ilse, zur Welt. Rosl spendete Muttermilch. Die Frau des angesehenen Bürgers Dr. Ludwig Molfender hatte nicht genügend Milch für ihre kleine Tochter. Rosl und ihre Familie blieb von da an fast sechzig Jahre lang mit der Familie Molfender verbunden. Es begann mit wöchentlichem Hausputz und wurde zur Freundschaft.

Und mit einem Mal war der Krieg zu Ende, wenigstens draußen an der Front. Aber alles war anders geworden. Deutschland war verkauft und verraten. In den Zeitungen las man im Oktober 1918: *"Die meisten haben sich wohl die Lage zu Kriegsschluss schöner erträumt. Sieg an den Fronten im Feindesland. Auf den Heeren der Nimbus Blüchers, Moltkes, Radetzkys. Heimkehr der Soldaten in Jubelstimmung, unter rauschender Musik, wehenden Fahnen und Blumenregen ..."*

Dann wurde in Versailles, so konnte man lesen, der "Frevelfrieden der Entente" unterzeichnet. Die "Henker" fällten das ungerechte Urteil. *"Das herbste Leiden ist über die Völker Mitteleuropas gekommen. Es ist, wie wenn diese Gebiete eine riesige Berghöhe geworden wären; ein riesiges Kreuz ragt auf dieser Berghöhe nachtumdüstert und blitzumzuckt; und an diesem Kreuz wird unsere Menschheit angenagelt, wird angenagelt unser Denken, für dessen Logik, dessen Gerechtigkeitssinn von den Feinden kein Platz gelassen wird."*

Im Innern des Landes regierte die Revolution. Es gab kein Kaiserreich mehr. Der Kaiser war in Holland. Der König floh mit seiner Familie aus der Haupt- und Residenzstadt. Eine kommunistische Räterepublik wurde errichtet. Man sprach von der "großen Zeitenwende".

Josef war wieder zuhause, bei Rosl, bei ihren drei Kindern, in der dumpfen Wohnung in der engen Gasse. Den Bart des Kaisers, den er bis vor kurzem jeden Abend sorgsam hochgebunden hatte, damit er am anderen Morgen noch kaiserlich aussah, hatte er abrasiert. Rosl drängte: „Du musst arbeiten. Wir verhungern."

Der brave Soldat fand schnell eine Arbeit. Das kam daher, dass er an der Front die Pferde der Offiziere gestriegelt hatte. Er ging nach Stuttgart und wurde Kutscher beim Freiherrn von Soden. Und als der ihn nicht mehr brauchte, schickte er ihn an den Bodensee.

Sein neuer Dienstherr war kein geringerer als der berühmte Graf Zeppelin, von dessen Flugmaschine die Kinder vor kurzem noch gesungen hatten: *„Zeppelin flieg, flieg in den Krieg. Fliege nach Engeland. Engeland wird abgebrannt. Zeppelin flieg!"*

Rosl aber brauchte ihren Mann zuhause. Noch einmal mussten die an der Front geknüpften Beziehungen herhalten. Josef durfte wieder in die Kaserne in der Garnisonsstadt einrücken. Er gehörte jetzt zum Hunderttausend-Mann-Heer.

Die Revolution

Im Mai 1919 kamen Schreckensmeldungen aus München. Die „kommunistische" bayerische Revolution war im Oktober 1918 unblutig verlaufen. Im Frühjahr 1919 war München eine Räterepublik. Doch die nach Bamberg verlagerte SPD-Regierung unter Johannes Hoffmann hatte sich Hilfe bei dem Parteifreund und Reichswehrminister Gustav Noske geholt, der bereits in Berlin die Kommunisten blutig niedergeschlagen hatte.

35.000 Mann, unter ihnen Anton, der Bruder Josefs rückten gegen München vor. „Weißgardisten" nannte man sie oder einfach „die Weißen". Ihr Terror überbot den Terror der Roten. Ein Augenzeuge berichtet, wie sie im Münchener Gefängnis Stadelheim „spartakistische" Frauen erschossen:

„Sie haben zuerst auf die Geschlechtsteile der Frauen und Mädchen gezielt, in anderen Fällen die Exekution vollzogen, indem sie zuerst in die Beine, dann in den Unterleib schossen und sich an den Qualen der langsam verendenden Opfer weideten."

Überall witterten die zur Macht gekommenen „Weißen" kommunistische Umtriebe. So wurde eine Versammlung des katholischen „Kolpingsvereins" zum Angriffsziel der konterrevolutionären Mörder, die kurzer Hand 21 Handwerksgesellen erschossen. Ein allgemeines Denunzieren setzte ein. Wer einen Feind loshaben wollte, meldete ihn den neuen Machthabern. Die machten kurzen Prozess. Erschießungen waren an der Tagesordnung. An die Tausend Menschen kamen ums Leben.

Rosl erhielt einen Brief aus München. Absenderin war die Frau ihres alten Freundes Georg. Der hatte bald nach seinem Besuch bei Rosl in München geheiratet. Sie bekamen einen Sohn, der wieder Georg hieß. In dem Brief der Frau stand, dass Georg zusammen mit zwanzig anderen jungen Männern in München, nahe dem Siegestor, an die Wand gestellt und von den „Weißen" erschossen worden sei.

Rosl nannte München seither eine „höllische Stadt".

Familienzusammenführung am Roten Berg

Die Sonne strahlte in das geräumige Wohnzimmer des Roten Hauses am Roten Berg. Rosl, die sich jetzt „Rosa" nannte, fühlte sich in der Vierzimmer-Wohnung wie neugeboren. Vergessen war das dunkle Verließ in der Altstadt. Die Familie mit ihren drei Kindern war in das Hauptgebäude der ehemaligen Ziegelei außerhalb der Stadt gezogen, in der früher italienische Arbeiter beschäftigt waren. Nach dem Krieg war die Ziegelei abgerissen worden. Drei Häuser blieben stehen: das Hohe Haus, das Schiefe Haus, und eben das Rote Haus, das seinen Namen von den roten Ziegeln seiner Außenwände hatte.

Hinter dem Haus breitete sich die weite Welt aus: Weideland, Schafe, dazwischen einige liegengebliebene Ziegel, einige Schrebergärten, ein kleiner Fluss, im Hintergrund der Wald, grün, groß, weit. Direkt neben dem Haus ein kleiner Garten, und wenig später auch ein Hasen-, Hühner-, Enten-, Gänse-, Ziegen-, Schweinestall, ein Heuschober, eine Hundehütte mit einem dazugehörigen Hund, einem Rottweiler, der keinem Kind etwas zuleide tat. Das Paradies konnte nicht schöner, nicht sonniger sein.

Josef striegelte noch immer in der Ulanenkaserne die Pferde. Nur einmal musste er ausrücken. Es gab Unruhen wegen der Reparationsleistungen und wegen der Ruhrbesetzung, weit weg in Westfalen. Die Soldaten zu Pferd sollten für Ordnung sorgen. Schusswaffen durften sie nicht mitnehmen. Im Ernstfall sollten sie mit den Säbeln kämpfen.

Josef verdiente so viel, dass die Familie davon leben konnte. Nicht nur sie. Eines Tages tauchte plötzlich Josefs Bruder Otto, der Vornehme, auf und bat um Unterkunft. Ihn hatte es ins Gaststättengewerbe verschlagen. Er war Kellner, doch zur Zeit arbeitslos. Schon bald wanderte er weiter. In Wiesbaden machte er Karriere. Dann erschien ein zweiter Bruder, der Veit. Rosl war froh, als er wieder ging. Denn der Veit hatte die Langfinger-Krankheit. Doch kaum war er weg, da erschien Bruder Anton, der Ruhige, der den Gärtnerberuf erlernt hatte.

Rosa hat in hohem Alter viel von ihrer Jugend und ihren Vorfahren erzählt. Vom langen Ludwig, den sie noch immer bewunderte, von ihrem Vater, der sie an ihrem sechsten Geburtstag besucht hatte, sie zum Jahrmarkt mitnahm und ihr Süßigkeiten kaufte, von ihrer Mutter, die in ihren letzten Lebensjahren in der gleichen Stadt lebte wie sie, ärmer als sie, bis sie, erst 50 Jahre alt starb, an Herzwassersucht, oder, wie es hieß, totgeschlagen, von dem Mann, bei dem sie lebte.

Auch von zwei Männern, die sie geliebt hatte, erzählte sie: von Georg, der, wie sie sagte, „ein wirklicher Mann" war, wie ihr keiner mehr begegnete, von Josef, der gewiss gescheit und gütig war und sie „auf den Händen tragen" wollte, aber ... wie sagte doch sein Feldwebel: „Der Sepp ist ein guter Soldat, aber nur wenn man ihn anschiebt." Sicher, sie hatte ihn gern, sie bewunderte seine Unbeschwertheit, seine verrückten Ideen, die gereimten Verse, die er schrieb, so wie sie seine Haut liebte, die – so sagte sie – so zart war wie die Haut eines kleinen Kindes. Wenn er nur ein wenig ernster und zielstrebiger gewesen wäre! Schließlich hatte sie sich an ihn gewöhnt. Sie selbst war der Herr der Familie. Josef brachte das Geld heim und lieferte es pünktlich bei ihr ab. Da verzieh sie ihm seinen Leichtsinn und seine Begeisterung für andere Frauen. Und sie liebte ihn, trotz allem, und je älter sie gemeinsam wurden, umso mehr liebte sie ihn.

Von einem Mann in ihrem Leben jedoch verstand sie zu schweigen. Sie waren gleich alt. Schon in der Volksschule hatte er sie begehrt. Sie aber wollte von dem spröden Jungen, der ihr viel zu klein und kindlich schien, nichts wissen. Der aber liebte sie, liebte sie ein Leben lang, ohne dass sie es wusste. Als beide achtzig Jahre zählten, machte er ihr einen Heiratsantrag.

Doch näher gekommen waren sie sich schon früher, Rosa und Anton, Josefs jüngerer Bruder. Denn bald nach Krieg und Revolution war er in die Stadt gekommen, um Arbeit zu suchen. Er wurde Stadtgärtner und blieb es bis ins Rentenalter. Das passte zu ihm, der kein verkapptes Genie war wie Josef, kein Übermensch wie Georg. Er war ruhig, unauffällig, aber fleißig und verlässlich.

Nur zwei Wochen wollte er am Roten Berg in der Wohnung seines Bruders Josef bleiben. Er könne ja der Rosa im Haushalt helfen, meinte Josef, der nicht heimkam, weil er in der Kaserne das Geschirr der Pferde polieren musste. So zog Anton in das Rote Haus am Roten Berg ein. Er war ein geduldiger Zuhörer. Bei ihm konnte Rosa sich ausweinen und über die Unbeschwertheit und Gleichgültigkeit ihres Gatten klagen.

Und eines Abends, als die Kinder schliefen, sie wusste selbst nicht wie es geschah, kniete sie splitternackt vor Antons Bett. Anton aber blieb zehn Jahre in der Wohnung im Roten Haus.

Adventisten, Kommunisten und Hausaltäre

Es war gut, dass Anton da war. Mit seinem Gehalt half er der Familie über den Berg. Im Frühjahr 1921 stieg die Inflation rasend an. Anton und Josef brachten den Wochenlohn im Rucksack nach Hause. Nur so konnten sie die vielen Geldscheine tragen. Rosa sah einen Mantel im Schaufenster. Preis: Eine Million. Es reute sie, das Geld auszugeben. Tags darauf konnte sie mit der Million gerade noch einen Laib Brot kaufen.

Im August 1921 bekam die Familie ein viertes Kind. Sie nannten sie „Toni", weil Josefs Bruder Anton ihr Taufpate war. Doch hielt sich das Gerücht, es sei deswegen, weil er ihr Vater war. Josef schied nach zwölf Jahren aus dem Militärdienst. Seine Pension ließ er sich auszahlen. Mit dem Geld kauften sie einen Küchenschrank und eine Violine für den zehnjährigen Georg. Was übrig blieb, war bald verbraucht. Josef war arbeitslos. Die Ehe war am Zerbrechen.

„Sitz nicht herum!", sagte Rosa. „Tu endlich was!" Er schluckte seine Wut hinunter, ging ins Parteibüro der Sozialdemokraten, bat um Stundung des Parteibeitrags.

„Geht nicht! Das wirst Du wohl noch zahlen können!",
sagte der Parteiboss.

„Ich habe vier Kinder", sagte Josef, „und das fünfte
(die Charlotte) ist auf dem Weg". Selber schuld!", sagte
der Boss, „du hättest eben nicht so viele Kinder machen
sollen." Josef erklärte seinen Austritt aus der Partei.

Was sollten sie machen? Bei der Partei war keine Hilfe.
Auch nicht bei der katholischen Zentrumspartei, der
Rosa ihre Stimme gab, auch nicht bei der Kirche, nicht
bei dem frommen Pfarrer Weser, der nur für die reichen
Bürger da war und die Kinder der Armen, die barfuß
in die Schule kamen, mit Genuss verprügelte. Georg,
Johanna und auch die kleine Ilse fürchteten ihn.

Was sollten sie machen? Schreien, beten, fluchen, verhungern? Das Gemüse im Garten, die Tiere im Stall
halfen über das Schlimmste hinweg. Dennoch, ohne
Anton, der seinen Verdienst jede Woche bei Rosa ablieferte, wären sie noch unter das Proletariat abgestiegen.

„Und ist das Unglück noch so schwer, kommt doch von irgendwo ein Lichtlein her." Das Lichtlein war vierzig
Jahre alt, vollbusig und wohlbeleibt, hatte ein mitfühlendes Herz und hieß Frau Pflanz. Das Lichtlein hatte
einen Schwiegersohn mit einem ebenso mitfühlenden
Herzen; der hieß Herr Sigwarth und war der Anführer
der kommunistischen Partei. Rosa wurde die Freundin
der Frau Pflanz, und Frau Pflanz half. Sie half, weil
ihr Glaube das befahl.

Frau Pflanz gehörte der Freikirche der „Siebenten-Tags-Adventisten" an. Sie nahm Rosa mit ins Gemeindehaus, überredete sie, am Bibelunterricht teilzunehmen. Rosa gefiel es bei der Gemeinde, alle waren freundlich, redeten und beteten miteinander, die Reichen halfen den Armen, die Großen den Kleinen. Mit der katholischen Kirche konnte man das nicht vergleichen: beim Gottesdienst vorne am Altar in weiter Ferne der Priester, Pfarrer Weser, in altmodische Kleider gehüllt, in fremder Sprache Gebete murmelnd. In den Bänken die Gläubigen, in Gebetbüchern blätternd, den Rosenkranz herunter leiernd: „Heilige Maria, Mutter Gottes!", und immer wieder „Heilige Maria Mutter Gottes". „Heilige, heilige, heilige, heilige ..."

Rosa bat ihre beiden Männer, Josef und Anton, mitzukommen. Auch die Kinder, Georg und Johanna, durften dabei sein. Nach einigen Wochen wurden die Neubekehrten über ihre Fortschritte in der Bibelkenntnis geprüft. „Bruder Josef" musste vor versammelter Gemeinde sprechen (zur Belustigung der beiden anwesenden Kinder). Wenig später kam der große Tag der Taufe, ein siebenter Tag. Frau Pflanz hatte den Täuflingen Badekleidung gekauft. In den Badekostümen stiegen sie nun, wie einst Jesus am Jordan (oder trug er keine Badekleidung?), unter lebhafter Teilnahme der Gemeinde in den Fluss nahe bei ihrer Wohnung. Der Gemeindevorsteher tauchte ihren Kopf unter das Wasser. Alleluja! Alleluja! Sie waren gerettet, alleluja! Rosa träumte davon, dass ihr Sohn Georg Prediger in der Adventistenkirche werden könnte.

Ein Festessen anlässlich der Taufe fand statt, in der Wohnung der Frau Pflanz. Aber lag da nicht ein Schinken auf dem Tisch? Schweinefleisch zu essen war den Gemeindemitgliedern streng verboten. Und ausgerechnet Frau Pflanz übertrat das Gebot. Sie beruhigte die erschreckte Neugetaufte. „Gewiss", sagte sie, „Schweinefleisch essen ist grundsätzlich verboten, aber wir sind tolerant, nicht so engstirnig wie die Juden und Katholiken." Nicht tolerant war allerdings Pfarrer Weser. Ihm war berichtet worden, dass Georg und Johanna den Gottesdienst einer Sekte besuchten. Ein solches Vergehen war mit heftigen Schlägen auf den Hintern zu bestrafen. Dennoch blieben die Kinder nach wie vor im katholischen Religionsunterricht, und – um den Pfarrer nicht noch mehr zu erzürnen – gingen sie am Sonntag in den katholischen Gottesdienst.

Josef war allerdings nicht allzu sehr von der neuen Religion überzeugt. Doch wenn seine Frau das wollte, was sollte er auch dagegen sagen? Religion war schließlich Frauensache. Weit mehr als Frau Pflanz interessierte ihn ihr Schwiegersohn, den er beim Tauf-Essen kennengelernt hatte, der Sigwarth, der Anführer der Kommunisten. Die Sozialdemokraten hätten versagt, schon 1914 und erst recht 1918. Doch die große Revolution, sagte der Sigwarth, werde dennoch kommen, siegreich werde sie kommen, genauso wie in Russland. Josef hörte sich alles an. Vieles stimmte ja, was der Kommunist sagte. Den Leuten ging es schlecht, sie litten Hunger, hatten keine Arbeit; nicht jeder hatte eine so große Wohnung wie er, so viele Hühner, Hasen, Enten wie er. Wenige konnten wie er ihre Kinder mit der Milch der eigenen Ziegen ernähren, wenige hatten ein Schwein im Stall und einen Vater, der Metzgermeister war, der alle zwei Jahre sein Dorf verließ, um seinem Sohn beim Schlachten zu helfen. Dennoch, wie sollte ausgerechnet eine Revolution den Armen helfen? Wo das hinführte, hatte man in München erlebt.

Josef war hin und her gerissen. Den Glauben an den Sieg des Sozialismus hatte er wieder gefunden. Aber warum kämpfen? Man musste schlau sein; kämpfen konnten auch die Dummen. Den Eintritt in die kommunistische Partei schob er auf. Ihm genügte vorerst die Fluss-Taufe. Zwei neue Dinge auf einmal, das war zu viel. Nun gut, er gehörte keiner Partei an, doch in seinem Herzen wollte er Sozialist bleiben, und seinen ganz persönlichen Sozialismus brachte er auch seinen Kindern bei. Rein theoretisch forderte er sie „zum letzten Gefecht" auf, aber, so glaubte er, das dürfe man nicht wörtlich nehmen. Er lehrte sie die „Internationale" singen.

Doch dann griff eine himmlische Gewalt ein, in Gestalt von Rosas Schwester Wally. Auch Wally hatte im Alter von sechzehn Jahre die Geborgenheit gefunden, die sie bis dahin vergebens suchte. Doch sie fand sie nicht bei einem Mann. Geborgenheit gab ihr die warmherzige Schwester Arthura, zuständig für das Dienstpersonal in einem von katholischen Ordensschwestern geführten Krankenhaus. Wally fand in Arthura die Mutter, die ihr gefehlt hatte, und als Arthura starb, trat sie selbst ins Kloster ein. Sie durfte sich den Ordensnamen Arthura wählen und erhielt die Ausbildung zur „Operations- und Krankenschwester". "Krankenschwester", und weil sie mit einen Kleinmotorrad fuhr, auch „fliegende Barmherzigkeit" genannt, blieb sie bis ins hohe Alter. Gelegentlich stattete ihr Rosa mit ihren Kindern einen Besuch ab.

Jetzt wurde Arthura, geborene Wally, an das Krankenhaus gerade in die Stadt versetzt, in der Rosa wohnte. „Ich habe die Klostertante in der Kirche gesehen", sagte die kleine Ilse.

„Das meinst du nur", sagte die Mutter. „Die Schwestern sehen mit ihrem Schleier alle gleich aus." „Aber es war die Tante", beharrte die Zehnjährige.

Ja, es war die Tante, die zu ihrem Entsetzen festgestellt hatte, was da in Rosas Familie vor sich ging. Sie glaubte, ihre Schwester und deren angetrauten Mann zu treffen, sie fand Adventisten und Kommunisten.

„Die Tante hat gesagt, du sollst zu ihr ins Krankenhaus kommen. Du sollst mit ihr sprechen, sonst darf ich nicht zur Erstkommunion und bekomme kein Kränzlein", sagte Ilse am folgenden Sonntag zu ihrer Mutter.

Schweren Herzens machte sich Rosa auf ins Krankenhaus. Ein ganzes Heer von Schwestern mit schwarzen Schleiern und sorgfältig gestärkten weißen Halsverkleidungen schritt ihr entgegen, in ihrer Mitte Wally, gefolgt von der Mutter Oberin. Sie erinnerte sich an eine Erzählung, die sie gelesen hatte, denn noch immer wie in ihrer Kindheit floh sie in die Welt der Bücher, selbst in der Küche, wo sie gewöhnlich während der Essenbereitung in der einen Hand den Kochlöffel, in der anderen ein Buch hielt. In der Erzählung, die ihr einfiel, war die Rede von einem „Autodafé", von der heiligen Inquisition, die einen „Ketzer", einen abgefallenen Katholiken, in Empfang nahm, um ihn abzuführen in den Kerker, zur peinlichen Befragung mit Marterwerkzeugen aller Art.

Doch die Methoden der Inquisition hatten sich offensichtlich verändert. Als Rosa sich allein mit ihrer Schwester im Sprechzimmer befand, war alles wie immer. Sie redeten, sie erzählten, sie lachten. Doch Rosa spürte, wie die Wally allmählich auf den Zweck ihrer Einladung zusteuerte, und plötzlich brach das himmlische Gericht über Rosa herein.

„Bist du denn von allen guten Geistern verlassen?", hörte sie Wally sagen ... – nein, es war nicht mehr Wally, es war auch nicht Arthura ..., es war ein himmlischer Racheengel, der ihr zurief: „Denk doch an die kleine Ilse, die weint sich die Augen aus, wenn sie nicht zur Erstkommunion darf. Und ich habe gehört ...", ihre Stimme wurde wieder mild und sanft, „ihr dürft kein Schweinefleisch essen, auch kein Kaninchenfleisch. Ihr habt doch zwei Schweine im Stall! Ihr füttert sie und sorgt für sie. Ihr habt Kaninchen im Stall, wer soll sie essen, wenn nicht ihr?" Rosa traten Tränen in die Augen, als sie an die Kaninchen dachte. Sie versprach, wieder katholisch zu werden. Arthura machte ihr ein Kreuzzeichen auf die Stirn, umarmte sie und flüsterte zum Abschied: „Schick mir den Josef!"

Und so wurde auch Josef vor die Inquisition der Tante Arthura gerufen. Er solle dem Kommunismus abschwören und ein guter Katholik werden, redete sie ihm ins Gewissen. Und wenn er jetzt arbeitslos sei, Arbeit könne er auch bei der Kirche finden.

Josef überlegte: bei welcher Kirche und welche Arbeit? Da fiel ihm sein Freund Christian ein. Hatte der nicht erst von einem neuen Projekt der katholischen Kirche gesprochen? Es ging darum, so genannte Hausaltäre an den Mann, oder besser an die Frau, zu bringen. Hausaltäre waren merkwürdige Gebilde, eben Altäre wie in der Kirche, nur viel kleiner. Man konnte sie auf das Nachtkästchen stellen, eine Kerze davor anzünden und dazu sein Abendgebet sprechen. Es gab sie in mehreren Preisklassen, in verschiedenen Größen und Ausführungen. Besonders eine Ausführung war derzeit gefragt. Wenn man den kleinen Schlüssel auf der Rückseite lange genug drehte, ertönte aus dem Innern des Altars die Melodie des ergreifenden Liedes: *„Ein Priesterherz ist Jesu Herz, ein Opferlamm für unsre Sünden, sucht überall in Freud und Schmerz die armen Seelen aufzufinden."*

Josef erkundigte sich bei Christian nach diesen Altären und was es mit ihrem Verkauf auf sich habe. „Der Bischof möchte", sagte Christian, „dass mehr Kirchen gebaut werden. Die Einnahmen für den Verkauf kommen also dem Kirchenbau zugute, und auch", fügte er hinzu, „meinem Kirchenbauch", denn Christian war etwas rundlich geraten. „Wir brauchen nur von Haus zu Haus gehen und den Leuten einen Altar andrehen. Zehn Prozent des Verkaufspreises gehören uns".

Christian und Josef schrieben dem Bischof. Der schickte ihnen eine Urkunde mit eigenhändiger Unterschrift, in der er bestätigte, dass sie in seinem Namen unterwegs seien. Sie erhielten einen Altar mit Gebrauchsanweisung und eröffneten ihren Familien ihre geistliche Sendung. Rosa gab ihre Einwilligung, Josef sagte „Adieu!" und Bruder Anton vertrat für die nächsten Monate den Gatten und Vater in vielerlei Hinsicht.

Josef und Christian aber gelangten bis Frankfurt und noch weiter. Da und dort gelang es Josef, eine Frau für einen Altar zu interessieren. Und wenn sie ihm gefiel, lud er sie zum Abendessen ein, ja, mehr als einmal verschenkte er den Musteraltar und musste sich einen anderen nachschicken lassen. Als er schließlich zurückkam, hatte er nicht nur sein Honorar verbraucht, sondern er hatte auch darüber hinaus Schulden beim Bischof.

Nur gut, dass er jetzt eine Arbeit in einer Pflugfabrik erhielt, die jedoch nach kurzer Zeit ein jähes Ende nahm. Eine Maschine explodierte, ein durch die Luft fliegendes Maschinenteil traf Josefs Bein, das gleich mehrmals gebrochen war. Fast ein Jahr lag er im Krankenhaus. „Das Bein muss weg!", sagte der Oberarzt. „Das Bein bleibt dran!", sagte der Chefarzt, Professor Friedrich. Es blieb schließlich dran, auch wenn der Professor gezweifelt hatte, ob es noch zu retten sei. Josef kam nach Hause. Er war wieder arbeitslos. So hatte er wenigstens Zeit, seine „kleine Landwirtschaft" am Roten Berg zu vergrößern.

Der Rote Berg selbst hatte sich in den letzten Jahren verändert. Der seit 1919 regierende Oberbürgermeister der Stadt, Emil S., war auf den Einfall gekommen, dort Eisenbahnwägen aufzustellen, in denen er so genannte „Asoziale" und Zigeuner unterbrachte, was eine gute Tat gewesen sein mag, jedoch den ganzen Roten Berg, der jetzt „Emilhausen" genannt wurde, in Verruf brachte.

Das tausendjährige Reich

Und wieder begann ein neues Jahrzehnt. Seit kurzem war die kleine Charlotte in der Schule. „Sie ist begabt", sagte die Lehrerin, „wenn sie nur nicht so krankhaft ehrgeizig wäre. Sie weint, wenn sie nicht die Erste ist." Diese Gefahr bestand bei der wilden Toni nicht. Sie nahm die Schule nicht so ernst; wie ein Affe kletterte sie an den kahlen Baumstämmen empor. Dabei war sie es, die immer krank war. „Ich werde sie nicht durchbringen", hatte Rosa gedacht.

Ilse, die Ruhige, Unsportliche, war inzwischen in der Handelsschule. Sie war stets die beste Schülerin gewesen. Ihr Lehrer, Herr Hagenbeck, wollte, dass sie das Gymnasium besucht. „Das schaffe ich nicht", sagte Rosa, „ich kann sie nicht barfuß ins Gymnasium schicken."

Johanna hatte immerhin die Mittelschule besucht. Doch jetzt befand sie sich in einer Nähschule. Sie sollte Geld verdienen und bei der Versorgung der Familie mithelfen. Georg war schon aus dem Haus. Er hatte eine Lehre als Landschaftsgärtner gemacht, sich dann aber zum Hunderttausend-Mann-Heer gemeldet. Er durfte mit Segelflugzeugen fliegen. Motorflugzeuge erlaubten die alliierten Siegermächte nicht.

Am Roten Berg hörte man ungewohnte Töne. In das Rote Haus, genau über der Wohnung Rosas, war eine Familie eingezogen, die aus München kam, aus der „höllischen Stadt", die jetzt von vaterländischen Deutschen „Hauptstadt der Bewegung" genannt wurde. Elegant waren ja die neuen Bewohner, die redegewandte Frau Kraft und ihre drei halbwüchsigen Töchter; doch vielleicht ein bisschen zu vornehm. Man sprach davon, dass alle vier im Hotel „Deutscher Hof" mit Offizieren ins Bett gingen, um ihr Einkommen aufzubessern. Vielleicht würde ja daraus mal eine gute Partie. „Nur die Kinder nicht zu sehr ‚strapplazieren'; sie müssen eine gute Figur machen können und hübsch sein. Dann wird was aus ihnen", sagte Frau Kraft.

Doch wehe, wenn ihr Mann, der in München eine Sattlerwerkstatt betrieb, seine Familie besuchte. Dem Begrüßungsjubel folgte Wehgeschrei. Herr Kraft war der Ansicht, der Mann müsse ab und zu seinen Hausgenossen handfest die Meinung sagen. Frau Kraft war geduldig. Der Alte ging ja wieder. Er müsse eben manchmal „Kacheles" reden, meinte sie, was wohl „Tacheles" heißen sollte, was aber Frau Kraft von den „Kacheln" – den Kochtöpfen – ableitete.

Neue Lieder wie das vom „Sturmführer Wessel" und der „roten Abendsonne", die „ihren letzten Schein" in „ein kleines Städtchen" sandte, tönten aus der Wohnung der Familie Kraft. Und wenn Vater Kraft wieder einmal seine Familie heimsuchte, schwenkte er schon von Ferne die rote Fahne mit dem schwarzen Hakenkreuz auf weißem Grund, und Frau und Töchter begrüßten ihn mit dem Lied: *"Die Fahne hoch, die Reihen fest geschlossen ..."*

Dagegen galt es anzusingen. Josef begann, und seine Töchter, von der größten bis zur kleinsten, stimmten ein: *"Brüder, höret die Signale, auf zum letzten Gefecht!"* Da ging es nun im Roten Haus von oben und unten drunter und drüber: *"erkämpft das Menschenrecht ... in ruhig festem Schritt!"* Und jedes Mal, wenn der alte Kraft in Rohrstiefeln mit der Fahne zum Roten Berg marschierte, wiederholte sich der gleiche Ritus.

Leider blieb es im übrigen Deutschland nicht beim Sängerwettstreit. Von beiden Seiten wurde drein geschlagen. Im Januar 1933 wurde der Hitler gewählt. Rosa verstand die Welt nicht mehr. „Das kann doch nichts Gescheites sein", sagte sie, „wenn solche Leute dabei sind wie der Sattler Kraft mit seiner Familie."

Die alten Parteien wurden verboten. Oberbürgermeister Emil, für lange Jahre gewählt, wurde ohne Begründung abgesetzt. Josef war noch immer arbeitslos. Jedes Mal, wenn er beim Arbeitsamt nachfragte, hieß es: „Wir haben nichts für dich."

„Geh zur Partei! Dann kriegst du Arbeit!", sagte sein alter Freund, der Zahlmeister Hans Merkle, den er aus der gemeinsamen Zeit beim Militär kannte." „Das kann ich nicht", sagte er. Die „Partei" war die Hitlerpartei.

Geh zur SA!", sagte der Altliberale Dr. Molfender, der doch eigentlich kein Freund vom Hitler war. „Ich hab doch kein Geld, um mir eine Uniform zu kaufen", sagte Josef. „Die kaufe ich dir", sagte Dr. Molfender. „Ich hab kein Geld, mir die Stiefel zu kaufen", sagte Josef. „Die kaufe ich dir", sagte der Segelflieger Georg, der gerade wieder einmal auf Besuch kam.

So ließ sich Josef schweren Herzens in die SA einreihen. Noch in der gleichen Woche ging er zum Arbeitsamt. „Ja, du bekommst eine Arbeit! Du kannst sofort beim Bau der Autobahn anfangen. Sie geht direkt an unserer Stadt vorbei."

So baute Josef die Reichsautobahn, jedoch nicht, ohne dabei an seine Kochkünste und seine Fähigkeiten als „Soldat Schwejk" zu denken. Schon nach wenigen Wochen vertauschte er Pickel und Schaufel mit der „Gulaschkanone". Wieder einmal, wie einst in Kriegszeiten, wurde er „Fouragemeister". Mit der Verpflegung hungriger Männer kannte er sich aus. Diesem Umstand und seinem alten Freund Merkle hatte er es auch zu verdanken, dass er schon bald den Autobahnbau anderen überlassen konnte und zusammen mit Zahlmeister Merkle für die Verpflegung des Militärs zuständig wurde.

Er wurde „Magazinarbeiter" im Heeresverpflegungsamt. Schon bald stieg er in den Rang des ersten „Vorarbeiters" auf; er wurde „Betriebsobmann". Nun war er fast noch wichtiger als die Zahlmeister und Marketenderinnen ringsherum. Er saß hinter einem Schreibtisch in einem kleinen Büro, von dem aus eine schwere

Eisentür in das Verpflegungsmagazin führte, das dem Schlaraffenland glich, denn dort hingen Hunderte von Schinken und Würsten. Das war sein neues Deutsches Reich. Wenn er zu Veranstaltungen der SA geladen wurde, ließ er sich als unabkömmlich entschuldigen. Er hätte der deutschen Wehrmacht zu dienen.

Chancen bot sein neuer Beruf, aber auch Gefahren. Alte Lebensmittel – schwarz gewordene Bananen, die man den Soldaten nicht mehr zumuten konnte – durfte er mit nach Hause nehmen. Das gehörte zu den Chancen. Die Gefahren lagen anderswo. Josef musste die Arbeiter nach Dienstschluss vor dem Verlassen des Geländes kontrollieren. Da geschah es einmal, dass ein Arbeiter in seinem Rohrstiefel eine Hartwurst versteckt hatte. Josef entdeckte die Wurst. Er wusste, dass der Mann eine große Familie hatte. Er wusste, dass er früher der kommunistischen Partei angehört hatte. Er wusste, was geschah, wenn er ihn melden würde. In solchen Fällen drohte das Konzentrationslager. Auch wenn Josef die Einzelheiten nicht kannte, er wusste doch, dass die meisten, die man dorthin schickte, nie mehr zurückkehren würden.

Josef gab dem Mann zu verstehen, unauffällig mit seiner Wurst zu verschwinden. Als der Delinquent ihm am folgenden Tag begegnete, flüsterte er ihm zu: „Sepp, das vergess ich dir nie. Ich helf dir auch, wenn morgen der Russe kommt."

Eine schwierige Taufe

Rosa wurde fast zwölf Jahre nach Charlottes Geburt noch einmal schwanger. Es war kein Wunschkind. Fast während der ganzen Schwangerschaft litt Rosa an einem juckenden Ausschlag. Dann kam das Kind zur Welt: Ludwig, Josefs erster selbstgemachter Junge. „Ein prächtiger Kerl!", sagte der Hausarzt, „das hätte ich nicht gedacht."

Rosa war glücklich, weil alles gut vorübergegangen war. Vielleicht waren ja ihre Gebete nicht umsonst gewesen. Nach der Predigt von Schwester Arthura war sie eine brave Katholikin geworden, die jeden Tag zur Messe ging, was freilich nur möglich war, weil Pfarrer Weser von Pfarrer Weiser abgelöst wurde, einem hochdekorierten ehemaligen Leutnant aus dem Ersten Weltkrieg. Auf seiner Soutane trug er das Eiserne Kreuz. Hitler war für ihn der Satan in Person.

Aus seiner Gesinnung machte er kein Hehl. „Kommt nur näher her zur Kanzel! Dann versteht ihr mich besser", rief er den Parteigenossen zu, die an der Kirchentür standen und seine Predigten mitstenographierten.

Doch es blieb nicht aus, dass ihm die neuen Machthaber Redeverbot erteilten und ihn schließlich aus der Stadt und seiner Heimatdiözese verbannten. Er wurde zu einem Jahr Gefängnis verurteilt, jedoch offensichtlich wegen seiner Verdienste um das Vaterland wieder begnadigt. Doch die Rückkehr in seine Pfarrei blieb ihm verboten.

Pfarrer Weiser kümmerte sich nicht nur um Politik. Er wusste, dass viele Katholiken an ihrer Kirche litten, und mehr noch an den Pfarrern, die sich nicht als „Diener Christi", sondern als „Herren über Gottes Erbteil" aufspielten, die genau wussten, was der Wille Gottes sei. Von der Kanzel wetterten sie:

„Weit ist die Pforte und breit der Weg, der zum Verderben führt und ihrer sind viele, die darauf gehen! Wie eng ist die Pforte, und der Weg so schmal, der zum Leben führt! Und wenige sind, die ihn finden. Eine Tatsache voll Grausen und Entsetzen liegt in diesen Worten Gottes. Weil die Menschennatur zum Bösen hinneigt, deswegen beschreitet die Mehrheit die vielbegangene Heeresstraße zur Tiefe!"

Pfarrer Weiser dachte nicht so. Er brachte seinen Schäflein das Singen beim Gottesdienst bei. In Bibelstunden führte er sie in das Verständnis der Heiligen Schrift ein. Das war, dachte Rosa, fast so schön, ja noch schöner als bei der Adventistengemeinde.

Doch in einem Punkt ließ Pfarrer Weiser nicht mit sich reden. Für ihn gab es nur eine wahre Kirche, nur eine wahre Religion, und das war, Herrgott nochmal, ganz allein die römisch-katholische Kirche. Nur sie hatte die Wahrheit, die ganze Wahrheit, die ewige, die immerwährende Wahrheit. Das allerdings war etwas, was Rosa nicht verstand. Sie hatten doch alle den gleichen Gott, den gleichen Vater im Himmel, den gleichen Herrn Jesus. Warum musste man unbedingt zu diesem oder jenem Verein gehören, wenn man zu ihm betete? Oder war der liebe Gott ein Katholik? Vielleicht war er ja ein Jude!

Pfarrer Weiser ließ solche Überlegungen nicht gelten, schon gar nicht bei der Taufe des kleinen Ludwig. Die Taufgemeinde wartete und wartete in der Kirche. Ludwig in seinen Windeln krächzte erbärmlich. Pfarrer Weiser kam nicht. Nach einer halben Stunde schließlich erschien der Kaplan und erklärte, die Taufe könne nicht stattfinden. Der Pfarrer habe in Erfahrung gebracht, dass der vorgesehene Pate, Dr. Ludwig Molfender, evangelisch sei.

Da standen sie nun in der Kirche. Der Kleine krächzte noch lauter, was so viel hieß wie: "Ich begehre die Taufe. Aber bitte sofort. Ich will im Jenseits nicht bei den ungetauften Knäblein im ‚limbus puerorum' enden." Dr. Molfender zuckte mit den Schultern, Rosa begann zu weinen und Josef setzte gerade zu einem ellenlangen Fluch an, den er von seinem Vater gelernt hatte. Da kam dem Kaplan ein rettender Einfall: "Ihr müsst einfach den Taufpaten austauschen."

Und so geschah es. Noch einmal, wie so oft, musste Josefs Bruder Anton, der auch mitgekommen war, aushelfen. Zwar weigerte sich Pfarrer Weiser noch immer zu taufen, doch gestattete er seinem Kaplan die heilige Handlung. Für Ludwig blieb natürlich trotz dieses Zwischenfalls Dr. Molfender der Patenonkel. Da er selbst keinen Sohn hatte, überhäufte Molfender ihn zeitlebens mit Geschenken: einer Modelleisenbahn folgten Abenteuerbücher und später ein goldenes Feuerzeug. In seinem Testament bedachte er seinen Patensohn wie seine eigene Tochter. Der Patensohn aber war 40 Jahre alt, als er erfuhr, dass nicht Dr. Molfender, sondern eigentlich Onkel Anton sein Taufpate sei.

Ludwig war nicht Rosas letztes Kind. Sie war 44 Jahre alt, als ihr jüngster Sohn Karl auf die Welt kam. Wenigstens ging dieses Mal die Kindstaufe schmerzlos über die Bühne. Pfarrer Weiser lebte in der Verbannung, sein Nachfolger, Pfarrer Rohrmoser, hatte seinen Posten noch nicht angetreten. Der „Pfarrverweser", Dr. Bruno Wüstenberg, ein fröhlicher Rheinländer, der bald darauf im Vatikan zu hohen Ehren aufsteigen sollte, kam zur Taufe ins Rote Haus am Roten Berg, und mit ihm kam ein fröhliches Christentum ins Haus. „Dat is mal 'ne tolle Variation", meinte er, als er das Schlafzimmer betrat, „normalerweise liegt die Frau im Bett, wenn ich zur Taufe komme; hier liegt der Mann im Bett." Tatsächlich lag Josef nach einer erneuten Beinoperation im Bett. Umso lustiger wurden Taufe und Taufgespräch. Rosa hatte nun sieben Kinder und erhielt das „Silberne Mutterkreuz".

Auch sonst vermehrte sich die Familie. Georg, Johanna und Ilse heirateten, Enkelkinder wurden geboren.

Die Katastrophe

Im Sommer 1939 fand eine denkwürdige Begegnung statt. Rosa besuchte ihre Schwester Arthura. Auch ihr ältester Sohn Georg war anwesend. Er kam in Flieger-Uniform. Er war Berufssoldat geworden, Stabsfeldwebel und Fluglehrer. Es könnte ein neuer Krieg kommen, sagte Arthura. Voll Sorge blickte sie auf Georg. „Dann müsstest Du einrücken", sagte sie, „Gott bewahre uns davor." „Das verstehst du nicht!", sagte Georg, „ich würde über den Tisch springen, wenn es heute los ginge."

Bald darauf „ging es los". Rosa und Josef machten sich Sorgen. Alles war so anders als 1914. Von Begeisterung war nichts zu spüren. Die Männer ihrer Töchter mussten in den Krieg ziehen. Hoffentlich kämen sie wieder gesund zurück! Rosa horchte auf die Nachrichten, die aus dem Volksempfänger kamen. Sondermeldungen folgten auf Sondermeldungen. Eines Tages war Luftalarm. Bomben hatten zwei Häuser zerstört. Tags darauf setzte eine Wallfahrt der Stadtbevölkerung ein, die die Gräuel der Verwüstung mit eigenen Augen sehen wollte. Und dann rückten „unsere Truppen" in

Paris ein. Jetzt erst waren Josef und Rosa der Ansicht, dass der Krieg vielleicht doch einen Sinn hatte. „Das ist die Rache für Versailles", sagte Josef. Dann sang er dem kleinen Ludwig ein Kinderliedchen vor, von einem Gewehr, von Pulver und von „einer Kugel schwer".

Indessen geschahen merkwürdige Dinge. Menschen, die man seit Jahren kannte, verschwanden über Nacht. Die Familie Reinhart aus einem Eisenbahnwagen in „Emilhausen" , deren Söhne in die Toni vernarrt waren – nicht selten kamen sie auf Besuch, brachten ihre Violinen mit, es wurde gesungen, gespielt und getanzt – die Familie Reinhart war plötzlich nicht mehr da. Auch der kleine Hausierer mit seinem „Bauchladen", in dem sich Knöpfe, Nadeln, Fäden, Schnürsenkel befanden ..., das arme hungrige Männlein, dem Rosa bei seinen Besuchen ein koscheres Essen bereitete ..., das Männlein, das so lustig erzählen konnte, blieb plötzlich weg und kam nicht wieder.

Doch nicht nur Menschen verschwanden. Andere Dinge geschahen in aller Öffentlichkeit. Auch in der Stadt, in der Rosa wohnte, wurden Juden gehetzt und gejagt. Ilse, die eine katholische Jugendgruppe leitete, die 1933 von der Hitlerjugend übernommen worden war, hatte ein tolles Mädel in der Gruppe. Von einem Tag auf den anderen durfte sie nicht mehr kommen. Man hatte in Erfahrung gebracht, dass ihr Vater ein Jude war.

Eine entsetzliche Szene erlebte Johanna am Stadtbrunnen beim Rathaus. Im Brunnen standen zwei

Männer in Uniformen, die eine junge Frau an den Haaren zogen und ihren Kopf immer wieder unter das Wasser tauchten. Die meisten, die vorübergingen, eilten weiter, als würden sie das schreckliche Schauspiel nicht sehen. Einige Männer in Uniformen aber grölten: „Jud, Jud, häp, häp, häp, Schweinefleisch ist fett, fett, fett ... wenn dich nur der Teufel hätt ..."

Eines Tages sah der siebenjährige Ludwig – er besuchte die erste Klasse der Volkschule – einen Mann, der einen großen gelben Stern auf seiner Jacke trug. Er fragte seine Mutter, was das für ein Mann sei und was der Stern bedeute. Rosa überlegte. Sollte sie dem Kind sagen, dass sie den Stern für einen Unsinn hielt, für eine Ungerechtigkeit, für eine bodenlose Gemeinheit. Der Junge könnte es weiter erzählen. „Der Mann ist ein Jude", sagte sie schließlich. Der Junge gab sich mit der Antwort nicht zufrieden. Schließlich sagte Rosa stockend: „Die Juden sind schlimme Leute." Es war wahrscheinlich das erste Mal, dass Ludwig seine Mutter nicht verstand. Er erinnerte sich an den Religionsunterricht bei Pfarrer Rohrmoser (der wurde nicht in der Schule erteilt, sondern fand nachmittags im Pfarrheim statt). „Aber Jesus war doch auch ein Jude", sagte er. „Ja, Jesus war auch ein Jude", sagte die Mutter.

Doch nicht nur Jesus, auch Heinrich Heine war ein Jude. Das aber wäre Rosas Tochter Charlotte fast zum Verhängnis geworden. Sie wollte sich aus der Enge ihrer Familie befreien und meldete sich freiwillig zum Reichsarbeitsdienst, um dort „Führerin" zu werden. Dorthin begleitete sie auch ihr Lieblingsbuch, „Das

Buch der Lieder" von Heinrich Heine. Ihre Ausbilderin sah das Buch, nahm es und schrie: „Es ist verboten, dieses Buch zu lesen." „Das wird für Sie noch Folgen haben", sagte sie. Die Folgen blieben aus. Denn – ob es nun Zufall oder Fügung war – beim nächsten Bombenangriff kam die Ausbilderin ums Leben.

„Was wohl mit den Juden geschieht?", überlegte Rosa, bis sie glaubte, die Antwort gefunden zu haben. Alfred, der Mann ihrer Tochter Ilse, fuhr aus dem Heimaturlaub zurück ins Feld. Rosa begleitete ihn in einer kalten, nebligen Novembernacht zum Bahnhof. Auf einem Gleis, abseits von den übrigen Gleisen, stand ein Zug voller Menschen in gestreifter Häftlingstracht. Rosa sah, dass sie barfuß waren.

Nicht nur die Juden wurden abtransportiert. Arthura wusste es. Als Josef und Rosa sie besuchten, erzählte sie, dass geistig Behinderte aus einem Heim weggeschafft worden seien an einen Ort, wo sie umgebracht wurden. Viele hätten geahnt, was ihnen bevorstand. Sie hätten geschrien und seien auf Bäume geklettert, um dem drohenden Tod zu entgehen. „Gott sei uns gnädig!" sagte Arthura. „Das werden wir noch einmal büßen müssen", sagte Rosa.

Das Strafgericht kam. Nicht nur einzelne Bomben wie zu Kriegsbeginn fielen auf die Stadt. Es wurden immer mehr. Unter den Kindern machte ein Vers die Runde: *„Achtung! Achtung! Ende! Ende! Über uns sind Kampfverbände! Rennt die Oma in den Keller, und der Opa noch viel schneller, und die Kinder hinterdrein. Ach, wie ist das Leben fein!"*

1944. Die Truppen in Russland waren auf dem Rückzug, in der Normandie landeten die Alliierten. Am dritten Invasionstag fielen Bomben in Le Mans. Johannas Mann war in Le Mans stationiert. Johanna bekam die Nachricht, er sei gefallen. Pfarrer Rohrmoser hielt eine Gedenkfeier in der Kirche. Die Orgel spielte das Lied vom „guten Kameraden". Im Juli waren die Zeitungen voll von dem Attentat auf den „Führer". Die „Vorsehung" habe ihn gerettet, hieß es. Bald darauf rollten Panzer durch die Stadt. Der plötzlich verstorbene Feldmarschall erhielt ein Staatsbegräbnis. Josef wusste mehr. „Wir haben den Krieg verloren", sagte er.

Josef und Rosa wohnten nicht mehr am Roten Berg. Sie hatten seit kurzem eine Wohnung in der Weststadt. Der 17. Dezember, ein Sonntag, kam. Noch acht Tage bis Weihnachten. Der Tag war kalt und neblig. Es hatte geschneit. Am Abend kamen die Kinder – die beiden Söhne und ein Enkel – nacheinander in die Zinkbadewanne. Frisch gewaschen, in Schlafanzügen tranken sie den Gute-Nacht-Kakao. Rosa betete: „Maria breit den Mantel aus! Mach Schirm und Schild für uns daraus! Lass uns darunter sicher stehen, bis alle Feind vorübergehen!" Die Feinde, die vorübergehen sollten, waren die alliierten Bomber. An diesem nebligen Tag würden sie sicher nicht kommen.

Doch sie gingen nicht vorüber. Kein Voralarm! Plötzlich war das dumpfe Brummen über der Stadt. Schnell, schnell in den Luftschutzraum, eine schmale, langgezogene, unterirdische Röhre, an den Wänden auf beiden Seiten eine Bank. Es war nicht das erste Mal, dass dort die Familie bange Stunden verbrachte; schon an vielen

Tagen und Nächten zuvor saßen sie auf dieser Bank und hatten Angst. Doch dieses Mal war alles anders. Ferne erst, dann immer näher kamen die Einschläge. Der unterirdische Raum schien zu wanken. Frauen knieten auf dem Steinboden, beteten, beteten den Rosenkranz: „Heilige Maria, Mutter Gottes, bitte für uns Sünder!" „Ruhe!", brüllte der Luftschutzwart. Ein neuer Einschlag in der Nähe ... „Heilige Maria, Mutter Gottes, Heilige Maria, Mutter Gottes, Heilige, Heilige ..." Eine lange halbe Stunde dauerte das Bombardement. Das Wasser, das aus einem getroffenen Hydranten strömte, quoll unter der schweren eisernen Eingangstür hervor, drückte gegen die Tür, drohte sie aufzusprengen.

„Raus! Raus! Alle raus!" Zum anderen Ende des Luftschutzraums, zur anderen Tür. Laufen, Rennen, Schreien. Endlich die andere Tür. Beißender Rauch schlägt den Verängstigten entgegen. Sie sind wieder auf ebener Erde. Sie leben. Über siebenhundert Mitbewohner der Stadt, Frauen, Kinder, sind tot, 80 Prozent aller Häuser sind zerstört. Die Stadt, so wie sie vor zwei Stunden noch stand, ist gestorben. Der Schnee ist schwarz geworden.

Ringsum ein Flammensturm, ein Meer von Feuer. Die vierstöckigen Häuser lodern, mit Krachen stürzen die Stockwerke zusammen, eines nach dem andern. Nicht einmal auf den Mantel der Madonna ist Verlass. Rosa steht vor dem Ruin dessen, was sie sich in langen Jahren aufgebaut hat.

Vor dem brennenden Haus, auf alten Stühlen saßen Rosa, ihre Kinder und die alte Frau Wieser aus der

Nachbarwohnung – Rosa war mit ihr und ihrer Familie seit Jahren befreundet, zusammen waren beide Familien vom Roten Berg in das kleine Haus in der Weststadt gezogen –. Sie starrten in die Flammen, die ihre Wohnungen auffraßen, mit allem, was darin war und mit dem kleinen Dackelhund, dem „Seppl", der selbständig Straßenbahn fahren konnte und dennoch nicht mit in den Luftschutzkeller durfte. Währenddessen wagten sich die Töchter Toni und Ilse in das hell lodernde Gebäude, hoffend, doch noch einiges retten zu können. Plötzlich stand Josef bei seiner Familie. Er hatte während des Angriffs das Krankenhaus verlassen, wo er sich von einer Operation auskurierte, und war durch die brennende Stadt geeilt. „Gott sei Dank! Ihr lebt noch", sagte er.

Jetzt wohin? Ein Irrweg durch die Stadt, durch Rauch und Qualm, gemeinsam mit vier Mitgliedern der Familie Wieser. Kurzes Verweilen mit Hunderten obdachlos Gewordener im Keller des nahen „Zeughauses". Es könnte sein, dass die Bomber erneut angreifen. Dann auf dem Weg zur Wohnung Johannas. Sie kommt mit ihrer vierjährigen Tochter der übrigen Familie entgegen. Auch ihre Wohnung ist zerstört. Sie schließen sich der Gruppe an. Spät in der Nacht gelangt die kleine Karawane zur Josefs Bruder Anton, der seit einigen Jahren verheiratet und Vater von zwei kleinen Kindern ist. Seine Wohnung ist heil geblieben.

Anton nimmt alle auf. In einem Kessel kocht er ein großes Stück Rindfleisch. Einige Tage zuvor hat es Anton mit allen nötigen Zutaten bei einem Bauern für eine alte Standuhr eingetauscht. Das Fleisch dampft auf dem Tisch. Niemand isst. Da sticht der alte, verwirrte Herr Wieser mit der Gabel in ein Stück Fleisch, hält es in die Höhe und ruft: „Anton, schau mal! Wir haben Fleisch!"

Auf dem Dorf des Pfarrers Klein

Pfarrer Klein, der den Titel „Kämmerer" führte, weil er mit Geld umzugehen verstand, war ein guter Deutscher und ein noch besserer Nationalsozialist. Seine Schüler mussten ihn mit dem „deutschen Gruß" willkommen heißen. Er war reich, Großaktionär und Teilhaber bei den „Rheinischen Mühlenwerken". Pfarrer Klein war fromm, ein „glühender Marienverehrer". Für einen nahen Marienwallfahrtsort stiftete er einen Altar. Auf dem Altarbild war er selbst im feierlichen Ornat abgebildet; neben ihm kniete ein Soldat der Wehrmacht mit seinem Gewehr.

Doch Pfarrer Klein fühlte sich von einer mächtigen Feindin bedroht. Sie hieß Anselma Krüger und war Ordensfrau und Oberin des „Marienstifts", eines Altersheims für wohlhabende Damen. Pfarrer Klein war Beichtvater der Damen und erklärte ihnen, dass sie im Jenseits nur dann sicher in den Himmel kämen, wenn sie der Mutter Gottes – und ihm ihr Vermögen vermachten.

Als er sich einmal allzu eifrig bemühte, der Mutter Gottes das zu schenken, was ihr zustand, geriet er mit der Oberin des Heimes in Streit. Pfarrer Klein war gekommen, um die Bettwäsche einer verstorbenen Wohltäterin abzuholen. Doch die Tote lag noch in ihrem Bett. „Schaffen Sie die Tote aus dem Bett!", sagte Pfarrer Klein. „Ich möchte endlich ihre Bettwäsche." Aber wie einst der Engel am Tor zum Paradies die Stammeltern der Menschheit verjagt hatte, so verjagte jetzt Frau Anselma mit flammendem Blick den Pfarrer aus dem Zimmer der Toten. Seitdem war Feindschaft gesetzt zwischen ihm und dem Weibe, was umso schlimmer wog, weil Anselma den Kirchenchor dirigierte und der Pfarrer auf sie angewiesen war.

Dorthin, in das Dorf des Pfarrers Klein, hatte es Rosa mit fünf von ihren sieben Kindern und zwei Enkelkindern verschlagen. Dort wohnte der Bruder der Frau Wieser, der ihnen zunächst Unterkunft verschaffte. Die Weihnachtstage verbrachten sie in zwei Zimmern seines „Austraghäuschens". Sie schliefen auf Bänken und Tischen. Eine Heizung gab es nicht. Die Zimmerwände waren vereist. Von Pfarrer Klein konnten sie keine Hilfe erwarten. Ihn störten seit langem die Evakuierten aus dem Rheinland. Und nun kamen auch noch die „Bombenweiber" aus der nahen Stadt. In einem seiner Briefe, der auf manchen Umwegen nach Jahrzehnten in den Besitz von Rosas Sohn Ludwig gelangte, stand zu lesen: „Ich wäre froh, wenn diese Familie dorthin verschwinden würde, wo sie hergekommen ist."

Anders der Bürgermeister des Ortes, der trotz seiner Zugehörigkeit zur regierenden Partei die Neuankömmlinge mit „Grüß Gott" willkommen hieß. Er wies Rosas Familie die beschlagnahmte Sommerwohnung einer städtischen Bürgerfamilie im zweiten Stock eines ehemaligen Klosters an: einen kleinen Vorraum, eine Küche und einen großen Saal mit einem riesigen, rußigen gusseisernen Ofen und einem Deckengemälde, über das der heilige Norbert in festlichem Talar einherschritt, ergriffen von heiligem Zorn, wobei er Blitze aus der Monstranz in seinen Händen gegen einen Ketzer und die unter ihm Schlafenden schleuderte. Denn darunter schlief die ganze, sich vermehrende Familie mit Kindern und Kindeskindern, zeitweilig bestehend aus 13 Personen. Damit aber alles seine sittliche Ordnung hatte, hatte Josef gleich in der ersten Woche den Raum vorsorglich in drei Schlafräume und ein Wohnzimmer abgeteilt, durch „spanische Wände", wie er sagte. Die bestanden aus einem hölzernen Gerippe, das mit weißen Leintüchern bespannt war.

Draußen vor der Wohnung war ein langer Flur, auf einer Seite begrenzt von einer Fensterfront, von wo aus man in den trostlosen, zum Müllplatz degenerierten Klosterhof hinabsehen konnte, auf der anderen Seite waren Wohnungstüren. „Mathilde Straub" stand da geschrieben, „Joseph Herdle, Friedrich Kaiser, Waldhüter und Jägermeister", dazwischen die Aufschrift „Volksschule, Klasse 3 und 4". Im Flur befand sich der Wasserhahn für alle, die hinter den Türen hausten, dem jedoch häufig kein einziger Tropfen Wasser entströmte. Den menschlichen Bedürfnissen von acht kinderreichen Familien und einer Schulklasse dienten zwei Plumps-Klos. Klopapier wenigstens war genügend vorhanden. Vater Josef hatte vorsorglich ein Buch mit dem Titel „Der Pfaffenspiegel" arschgerecht zugeschnitten. Nach Kriegsende präparierte er zum gleichen Zweck das inhaltsschwere Buch „Mein Kampf" von unserem Führer – Sieg Heil! – Adolf Hitler. Damit die Familie jedoch nicht in der Nacht in den finsteren Flur entweichen musste, hatte Josef in den Vorraum der Wohnung, versteckt hinter einen braunen Vorhang, einen Scheiß- und Pinkeleimer gestellt. Der hatte unter dem Oberdeckel einen Unterdeckel mit einer runden Öffnung in der Mitte. Zu ihm marschierte die Großfamilie, in lange weiße Nachthemden gekleidet, des Nachts im Kerzenschein. Denn elektrischen Strom gab es nicht. Und die Petroleumlampe war vor dem Zubettgehen gelöscht worden. Der nächtliche Marsch, unter den Augen des heiligen Norbert, angeführt von Vater Josef, gestaltete sich zur Prozession, und gesangsfreudig, wie die Familie nun einmal war, sangen sie, vom Ältesten bis zum Jüngsten in dunkler Nacht das Prozessionslied: *„Jetzt gehen wir zum Bieseln, zum Bieseln ... jetzt gehen wir zum Bieseln, zum Bieseln, ahoi! ..."* Der heilige Norbert an der Decke drehte sich schamhaft zur Seite.

Auf das Dorf fielen keine Bomben. Nur vor Tieffliegern musste man sich in Acht nehmen, denn die Piloten machten Schießübungen auf alles, was sich bewegte. Rings um den Ort waren Geschütze aufgestellt worden. Als der Feind heranrückte und der Kanonendonner begann, verkrochen sich die Hausbewohner im Klosterkeller. Dann kam der Tag, an dem der Ort amerikanisch wurde.

Seit einigen Tagen wurde nicht mehr geschossen. Die deutschen Truppen – es waren Österreicher – und die nachrückenden SS-Einheiten waren abgezogen. Die Menschen verließen den Keller. Die Amerikaner fuhren in einer langen Wagenkolonne durch das Dorf. Gott sei Dank! Es waren die Amerikaner! Nicht die Russen, die den Kindern die Zungen abschnitten, nicht die Franzosen, die die Wälder rodeten, Hühner, Schweine und Kühe schlachteten.

Ein kleines Kind rannte auf die Straße. Es geriet unter einen amerikanischen Panzer. Der Panzer hielt an. Der Fahrer stieg aus, ging auf die verzweifelte Mutter am Straßenrand zu und sagte in gebrochenem Deutsch: „Es tut mir leid. Aber die Straße gehört uns." Dann fuhr er weiter.

Einige Tage später kamen die Sieger in die Wohnung, um nach versteckten Waffen zu suchen. Josef nahm die Patronen aus dem Magazin seines hölzernen Trommelrevolvers. „Geh raus aufs Klo", sagte er zu Ludwig, „und wirf sie hinunter!" Den Revolver beförderte er in das im Küchenherd lodernde Feuer. Die Sieger kamen und requirierten ein Fernglas. Als sie gerade wieder gegangen waren, machte sich eine vergessene Patrone im Herd mit lautem Krachen bemerkbar.

Wenig später, an einem linden Maitag, an dem die Sonne strahlte, war der Krieg zu Ende. Da die Lehrer der Partei angehört hatten, fiel bis zu ihrer Entnazifizierung der Schulunterricht aus. Nicht ganz. Pfarrer Klein durfte den Kindern noch immer die katholische Religion beibringen. Doch eine Kleinigkeit hatte sich geändert. Als die Kinder ihn wie bisher begrüßten: „Heil Hitler, Herr Pfarrer!", belehrte er sie: „Kinder, das heißt jetzt nicht mehr ‚Heil Hitler'. Das heißt jetzt ‚Gelobt sei Jesus Christus'."

Langsam gewöhnte sich die Familie an die neue Umgebung. Und sie wuchs. Auch Charlotte kam. Sie war beim Arbeitsdienst zuletzt in der Luftabwehr eingesetzt worden. Sie kam mit ihrem Mann, der jedoch der Mann einer anderen Frau war. Im großen Saal wurde ein weiteres Bett aufgestellt. „Da schauen jetzt zwei Köpfe aus einem Bett heraus", stellte der zehnjährige Ludwig fest.

Bald darauf erschien auch Georg, der Sturzkampf-Flieger, mit Frau und Kind in dem Dorf, in dem seine Eltern wohnten. Er hatte aufgehört, über den Tisch zu springen und seine Uniform hatte er mit dem Gewand des Gärtners vertauscht. Als Gartenbaumeister und Förster diente er dem Grafen, der ihm eine Wohnung verschaffte – denn auch in diesem Dorf gab es ein gräfliches Schloss.

Bald darauf wurde Charlottes Tochter geboren. Geboren in der Küche. Dr. Eichhorn, der Arzt, leistete Geburtshilfe. Er hatte seine Praxis in dem ehemaligen Kloster, ganz am Ende des langen Ganges.

Viele Fragen blieben. Wann konnten sie wieder in die Stadt zurückkehren? Wie ging es den Männern von Ilse und Toni, die vermisst oder in Gefangenschaft waren? Antworten kamen aus der Überwelt. Eines Tages war nämlich die rechtmäßige Mieterin der Wohnung aufgetaucht, eine ältere Dame, die sich in zwei Zimmern unter dem Dach niederließ, zu denen man vom Vorraum aus über einer Treppe gelangte. Die Dame, mit der alle bald herzliche Freundschaft schlossen, war Anthroposophin. Sie konnte ihren Astralleib nach Russland schicken und Auskunft geben. Doch auch die Familienglieder entdeckten beim flackernden Licht der Petroleumlampe geheime Kräfte und versuchten in Nachahmung spiritistischer Sitzungen Antworten auf ungelöste Fragen zu erhalten. „Bist du da, lieber guter Hausgeist?", murmelte Tochter Johanna. „Bist du da?", stimmte Rosa ein. „Bist du da?", brummte Josef. Rings um den Tisch erklang es, in allen Tonlagen erklang es: „Lieber guter Hausgeist! Lieber guter Hausgeist!", bis endlich der Hausgeist, oder war es der Tischfuß, unter lautem Gelächter der Beschwörer zu antworten schien. Die Fragen blieben dennoch.

Josef wurde mit 58 Jahren „invalidiert". Er war „Frührentner" geworden und versuchte durch Gelegenheitsarbeiten das Einkommen der Familie aufzubessern. Doch er war ein gebrochener Mann, nicht nur körperlich. Er fühlte sich enttäuscht und verraten. Den Hitler und seine Partei hatte er zwar nie leiden können, aber er, der jetzt wieder die Sozialdemokraten und den Kurt, ihren Anführer, wählte, war eigentlich nie ein internationaler, sondern ein patriotischer Sozialdemokrat (ganz im Sinne des Kaisers) gewesen, und er vergaß nicht, dass er zwar ein Soldat Schwejk war, aber immerhin ein deutscher Soldat. Doch von dem Deutschland, von dem er geträumt hatte, war nichts übrig geblieben, und das, was jetzt bekannt wurde, was man ja vielleicht geahnt hatte, aber nicht wahrhaben wollte, all das Furchtbare, was im Namen Deutschlands geschehen war, das konnte er nicht verkraften. Ein Trost blieb: seine Familie, seine Kinder, seine Frau, und vielleicht war er ihnen nie so nahe gewesen wie jetzt.

Und vielleicht brauchte ihn Rosa ja wie nie zuvor, auch weil die Sorgen mit den Kindern – große Kinder, große Sorgen – nicht geringer wurden. Die älteste Tochter, deren Mann in Frankreich gefallen war, hatte zwar wieder einen Mann gefunden – einen unverbesserlichen Alkoholiker – und mit ihm und ihrer kleinen Tochter einen neuen Haushalt gegründet. Aber da waren noch immer die Ilse und die Toni, ohne deren Einsatz die Familie nicht über die Runden gekommen wäre. Das Problem war, dass ihre Männer irgendwo in Russland, bei Moskau und bei Leningrad gefangen waren und dort fast verhungerten. Die Männer waren nicht da, wo man sie brauchte und ihre Frauen waren jung. Wie vielen anderen in diesen Jahren erging es auch ihnen, sie suchten eine Stütze und fanden sie bei anderen Männern. Ilse wurde schwanger. Ihr Liebhaber zwang sie zur Abtreibung, viel zu spät. Das Kind, ein Mädchen, kam auf die Welt. Unvorbereitet, wie sie waren, hatten sie nichts, wohin sie das Kind betten konnten, außer einem großen Karton. „Es ist nicht lebensfähig", sagte der Arzt. Sie holten Pfarrer Klein. Er taufte das Kind auf den Namen „Klara". Das Kind starb. Der Vater des Kindes erschien. Rosa gab ihm eine schallende Ohrfeige. Pfarrer Klein schrieb erneut einen Brief: „Eine ehebrecherische Familie! Wenn nur diese Familie bald verschwinden würde!"

Ilse fand Trost bei Schwester Anselma. Dann reiste sie zu Schwester Arthura und weinte sich bei ihr aus. Später nahm sie ein Pflegekind an und zog es auf, ein Mädchen, das zu ihr Mama sagte. Sein Großvater war der verrückte Herr Wieser, der gerade damals dem religiösen Wahn verfiel und in der Kirche des Pfarrer

Klein zu predigen begann: „Sie ziehen um die Stadt Jericho. Ihre Posaunen rufen zum Gericht. Täterä tätä! Täterä tätä!"

Rosa und ihre Kinder – Teil I

„Dreizehn Kinder habe ich aufgezogen", sagte Rosa, als sie im Alter auf ihr Leben zurückblickte, „sieben eigene und sechs Enkelkinder. Und einfach war das nicht, besonders dann, als die Kinder eigentlich keine Kinder mehr waren."

Sie sollten es besser haben als sie, besser als ihre Mutter und Großmutter. Das hatte sie sich vorgenommen. Dafür kämpfte sie ihr Leben lang. Sie wusste, was Armut bedeutete. Zu verhungern war nicht das Ärgste. Ärger war die Verachtung, die man ertragen musste. „Sie ist ja nur das ledige Kind einer Bauernmagd, sie soll das Maul halten, sie hat nicht mitzureden."

Schon als Kind hatte sie sich nicht damit abfinden können. Kleider tragen wie die Reichen und noch schöner sein als diese, das hatte sie sich gewünscht. Und noch mehr lernen, noch mehr wissen als diese, das wollte sie. Und was sie selbst nicht schaffen würde, das sollten ihre Kinder erreichen.

Nicht alles, was sie wollte, war in Erfüllung gegangen. Es war nicht nur ihre Schuld. Schuld war der Hitler und der neue Krieg, der alles durcheinander brachte. Georg, der in eine reiche Familie geheiratet hatte, war wenigstens, wie Rosa sagte, „versorgt". Auch Johanna und Ilse, die kurz vor dem Krieg geheiratet hatten, nicht gerade wohlhabende Männer, aber fleißige Handwerker, waren „versorgt".

Nein, es war nicht ihre Schuld, dass der Führer ihre Männer zu den Waffen gerufen hatte, dass Johannas Mann im fernen Le Mans gefallen war. Dass Alfred, der Mann Ilses, am „Ilmensee", in Russland in Gefangenschaft geraten war. Zehn Jahre war er weg gewesen. Die Gefangenen im Lager hatten die Baumrinden und das spärliche Gras gegessen. Wie die Eintagsfliegen waren sie gestorben. Am Abend hatte man die Toten eingesammelt. Die am Leben blieben, hatten Durchfall. Und selbst dabei ging es um Leben und Tod. Alfred hatte sich gerade noch an den Stacheldraht am Lagerrand schleppen und seine Notdurft verrichten können. Von seinem Hemd riss er einen Fetzen, um sich den Hintern zu säubern. Da pfiffen Kugeln um seinen Kopf. Man lud ihn vor. Er werde erschossen, weil er am Lagerrand bei der Flucht aufgegriffen worden sei. Er nannte den Grund, warum er dort war. Sie hatten ihm erst geglaubt, als sie den Stofffetzen von seinem Hemd gefunden hatten. Als er siebzig Jahre alt war, lief er von zu Hause weg. Man fand ihn verwirrt auf der Straße. Er war auf der Flucht vor den Russen.

Nein, daran war Rosa nicht schuld, auch nicht daran, dass Tonis Mann, als er aus der Gefangenschaft zurückkam, nicht mehr im Bett schlafen konnte.

„Immerhin", dachte Rosa, „wenigstens sind die Männer von Ilse und Toni wieder heimgekommen." Freilich viel zu spät. Dass ihre Frauen in all den Jahren ihr Glück anderswo gesucht hatten, war nur zu verständlich. Um ihre Kinder hatte sie sich gekümmert, während die Mütter in der Stadt arbeiteten und das nötige Geld heimbrachten. Die Enkelkinder sagten Mama zu ihr.

Allmählich verließen die Töchter mit ihren Männern, und schließlich auch deren Kinder, die Wohnung im alten Kloster. Sie mühten sich die vor Jahren begonnene – und gleich wieder abgebrochene – Ehe weiterzuführen, so gut es eben ging. Nicht immer zum Wohl ihrer Kinder. Am schlimmsten traf es Johannas Tochter, deren Vater nicht mehr gekommen war. Solange sie bei der Großmutter lebte, ging es ihr gut. Als sie mit ihrer Mutter bei ihrem Stiefvater wohnte, erlebte sie die Hölle.

Rosa und ihre Kinder – Teil II

„Wenigstens", dachte Rosa, „die beiden Nachzügler Ludwig und Karl sollen es besser haben." Es hatte einen Sinn weiterzuleben.

Mehr als ihre anderen Kinder liebte sie den Ludwig. Noch vor ihrer Geburt hatte sie ihn dem Herrgott versprochen und Pfarrer Weiser, bei dem sie Trost suchte, hatte sie dabei bestärkt. So konnte alles in ihrem Leben, so glaubte sie, doch noch ein gutes Ende finden, auch wenn der Säugling Ludwig einen „eigenen Kopf" hatte und gar nicht ihren Wünschen zu entsprechen schien. Rot und blau lief er an vor Wut, wenn er nicht bekam, was er wollte. War sein Urahne, der lange Ludwig, in ihm wiedergeboren worden? Rosa wusste sich nicht mehr zu helfen. Sie suchte einen Franziskanerpater auf, der den Schreihals in lateinischer Sprache segnete.

Allmählich wurde er ruhiger. Er bekam alles, was er wollte. Nicht nur eine Mutter hatte er. Auch seine Schwestern bemutterten ihn, vor allem die Jüngste, die Charlotte. Josef aber vergötterte ihn. Wer weiß, vielleicht würde er ja einmal Offizier werden, Rittmeister, General? Und so wiegte er seinen kleinen Sohn auf den Knien und sang dazu: *„Büblein, wirst du ein Rekrut, merk dir dieses Liedchen gut! Pferdchen, lauf Galopp, hopp, hopp, hopp!"*

So wuchs er wohlbehütet auf. Noch im Alter von fünf Jahren sprach er die Baby-Sprache. Unbeholfen und hilflos wirkte er. „Für einen praktischen Beruf taugt er nichts", sagte Rosa, und irgendwie war sie damit zufrieden. Sie hatte Größeres mit ihm vor.

Dann kam er in die Schule. Und es war, als sei er jetzt erst zum Leben erwacht. Gewiss, er blieb schüchtern, fast ängstlich, aber schon bald stand er unter 44 Jungen in der vom Lehrer aufgestellten Liste an dritter Stelle. Alle Bücher, die ihm in die Hände gerieten, begann er zu lesen. „Er muss studieren", sagte Rosa, „und vielleicht wird er ja einmal Priester, Pater, Professor, Kardinal."

All dies war bei dem zweiten Nachzügler Karl ganz anders. Gewiss, Rosa kümmerte sich um ihn, aber er war eben nicht der Ludwig. Und Josef, alt und krank geworden, empfand ihn als Last. Wenn er ihm nachlief, um ihm eine Ohrfeige zu verpassen, ging ihm der Atem aus. „Papa, das hätte ich nicht gedacht, dass du noch so gut laufen kannst", sagte der Sechsjährige. Bei alldem war es nur gut, dass auch Karl eine Lieblingsschwester hatte. Toni war für ihn da. Sie hatte während des Krieges geheiratet. Der Bräutigam war zur Hochzeit aus Russland gekommen. Als einzige der Schwestern hatte sie noch kein eigenes Kind.

Auch Karl hatte den Zorn des langen Ludwig geerbt. Aber er war anders geraten als sein älterer Bruder, weil er nicht so verwöhnt worden war und weil niemand davon geträumt hatte, aus ihm einen General oder Kardinal zu machen. Von der Charme-Offensive seines Bruders hielt er nichts. Er ging den geraden Weg, war direkter und streitbarer. Doch die raue Schale täuschte. Verborgen in seinem Innern war er zarter, zerbrechlicher, verletzlicher als Ludwig.

Ein Wintermärchen und was dann kam

Der Winterwind heulte um die Klostermauern. Dichtes Schneetreiben herrschte. Drinnen im Kloster aber war es warm. Josef hatte dicke Holzscheite in den großen gusseisernen Ofen gelegt. Der heilige Norbert sah zufrieden und vergnügt auf die Familie zu seinen Füßen, die mit Weihnachtsvorbereitungen beschäftigt war. Josef sägte aus Sperrholzplatten Figuren aus: seinen Patron, den heiligen Josef und dessen Gemahlin Maria, dazu die Hirten und die Schafe. Es wurden immer mehr, unzählige Schafe. Ludwig saß neben dem Vater und malte die ausgesägten Figuren an. Rosa spürte beim Kartoffelschälen, dass bald ein Wunder geschehen müsse.

Und siehe, der heilige Norbert in seinem weißen Gewand stieg von der Decke herab und plötzlich stand er lächelnd an der Tür: Pater Norbert, Prämonstratenser aus Windberg. Sein Orden habe vor, das Kloster wieder zu erwerben, sagte er. Er wolle sich zuvor alle Räume ansehen. Gütig und liebevoll blickte der Heilige auf Josef und seinen Sohn. Rosa aber ging mit ihm in die Küche und schüttete ihm ihr Herz aus.

Sie sagte, sie sei in Sorge um den Ludwig. Er sei nicht für diese Welt geschaffen. Er lebe in einer anderen Welt. Er lebe in den Büchern, die er von Morgen bis Abend lese. Er schreibe Gedichte. Und wenn er die Wohnung verlasse, laufe er stundenlang durch den Wald.

Der Heilige lächelte und sagte immer wieder: „Ich war genau so." Rosa fasste all ihren Mut zusammen. Sie möchte, sagte sie, dass Ludwig einmal katholischer Priester wird. Damals, als sie mit ihm schwanger war, habe sie gebetet, dass doch die Geburt gut verlaufen möge, und zum Dank für die Hilfe von oben habe sie dem lieben Gott versprochen, er solle einmal ihm allein gehören. Der Heilige lächelte nochmals und sagte: „Reden Sie mit dem Jungen! Der Herrgott wird's recht machen."

Was dann kam, war weniger himmlisch. Dem Ludwig beizubringen, dass er studieren solle, dass er in ein Internat gehen müsse, dass er Priester werden solle, war allerdings nicht allzu schwierig. Rosa verstand es, die Alternativen auszumalen. Sie machte Ludwig klar, dass er nun einmal zu keinem Handwerk fähig sei. Höchstens, fügte sie hinzu, könne er Knecht auf einem Bauernhof werden. Dies überzeugte Ludwig. Er ging gern ins Internat, weil er dort etwas lernen konnte.

Weit schwerer wog ein anderes Problem. Wie sollten sie das Geld für das Studium aufbringen? Dass Pfarrer Klein helfen würde, war kaum zu erwarten. Nie vergaß Rosa die letzte Begegnung mit ihm. Sie hatte gelesen, dass Monsignore Brummer in der fernen Bischofstadt Gelder für die Ausbildung von „Priesterstudenten" zu vergeben habe. Sie schrieb ihm und bat um Geld für Ludwig, und tatsächlich erhielt sie eine einmalige Spende von 60 Reichsmark zugewiesen. Rosa sollte das Geld bei Pfarrer Klein abholen. Mit einem von süßem Lächeln verzogenen schiefen Gesicht empfing sie der Pfarrer. Er streckte ihr seine Hand hin. Kein Händedruck. Wie eine giftige Qualle, schleimig und kalt, entwand er seine Hand der ihren.

„Wie freue ich mich, Ihnen das Geschenk meines lieben Kurskollegen, des Hochwürdigsten Herrn Vizeoffizial Monsignore Peter Brummer, übermitteln zu können. Ich habe mich bei ihm für Sie eingesetzt", sagte Pfarrer Klein.

Rosa wollte gerade ihr „Dankeschön, Herr Pfarrer" vorbringen, als dieser weiter redete: „Aber jetzt, liebe Frau, müssen Sie mir auch einen Gefallen tun."

„Da war vor einiger Zeit ein Hausierer bei mir", sagte er. „Er hat mir einen Anzugsstoff verkauft. Aber was soll ich mit dem Stoff anfangen? Sie werden ihn sicher brauchen." Dann gab er Rosa – nicht das Geld, sondern einen verknitterten rostbraunen Stoffrest, aus dem sie für Ludwig eine Hose schneidern lassen sollte.

Wenig später – sieben Jahre nach der großen Katastrophe – konnten Josef und Rosa das Dorf des Pfarrers Klein verlassen und in die Stadt zurückkehren. Gut, dass Josef einen Bauern kannte, der am Stadtrand wohnte. Josef, jetzt fast siebzig Jahre alt, bat ihn um Arbeit für sich und für Rosa. So wollten sie das Studium Ludwigs finanzieren. Der Bauer willigte ein.

Josef half bei der Ernte, beim Dreschen. Rosa ging zum Rübenstecken. Nach sechzig Jahren musste sie wieder Kühe melken. Sie hatte es nicht verlernt.

Internatsprobleme

So wurde Ludwig in ein Internat gesteckt. Es fiel ihm nicht schwer, sich dort wohl zu fühlen. Und weil dies der Fall war, bestürmte er seine Mutter, auch seinen kleinen Bruder in ein Internat zu schicken. Rosa war einverstanden. In ihren beiden jüngsten Kindern würde sie endlich das Schicksal besiegen, das sie als Kind einer Magd auf die Welt kommen ließ.

Im Einklang mit den fernen Internatsleitungen wachte sie darüber, dass ihre Söhne auf der rechten Bahn blieben.

Es gelang nicht immer. Ludwig war gerade 13 Jahre alt, als Rosa einen Brief seines Direktors erhielt. Er sei in Sorge, schrieb er. Sein Neffe, ein Klassenkamerad Ludwigs, habe ihm von dessen „Liebesbedürfnissen" berichtet. Ludwig habe ein Gedicht verfasst, in dem der Vers vorkomme: *„All mein Sehnen, all mein Denken, möcht ich in ein stilles Mädchenherz versenken."*

Es kam noch schlimmer. Rosa stand im Flur des alten Klosters, am einzigen Wasserhahn. Der Postbote hatte in der Nachbarwohnung vergeblich geklingelt. Er bat Rosa, einen Brief an die Familie weiterzugeben. Rosa sah, der Brief war an die 13-jährige Tochter des Nachbarn gerichtet. Doch der Absender des Briefes war ihr Sohn Ludwig. So kam es, dass der Brief nie an sein Ziel gelangte. Rosa aber schrieb ihrem Sohn: *„Bleibe nicht am Kleinen unten hängen! Strebe nach Größerem!"* Damit schien das Problem gelöst, zunächst wenigstens.

Einige Jahre später drohte neues Unheil. Dieses Mal kam ein Brief aus dem Internat, in dem Karl lebte. Karl gehöre wegen seines vorlauten und frechen Benehmens zu seinen „Sorgenkindern", schrieb sein Direktor. Er sehe sich gezwungen, ihn „mit Rücksicht auf den Geist des Hauses" zu entlassen. Rosa war entsetzt. Was sie freilich nicht wusste, war der tiefere Grund des Schreibens und der hatte weniger mit Karl als mit dem Direktor zu tun. Denn der Direktor, Pater Niedermeyer, hatte eine Geliebte. Sie war Psychotherapeutin und Schulpsychologin, mehr noch, sie war der „Geist des Hauses". Den 20jährigen Schülern der Abschlussklasse war nicht verborgen geblieben, welche Funktionen sie erfüllte. Hatten sie doch festgestellt, dass der Direktor die Psychologin im Kleiderschrank versteckte, als ein Schüler ins Zimmer kam. Karl, der 15Jährige, hatte davon gehört, und was die Großen im stillen Kämmerchen flüsterten, das posaunte er von den Dächern.

Rosa blieb dieser Grund verborgen. Aber sie besuchte den Direktor im Internat. Sie redete sich den Mund wund. Und ob es nun wegen ihrer Rede war, oder weil Karl älter und klüger wurde oder weil sein Direktor sich mit ihm über den wahren Grund ausgesprochen hatte, Karl wurde jedenfalls einer seiner Lieblingsschüler. Und als er ein paar Jahre später – mit Unterstützung Ludwigs – erklärte, er wolle das Seminar verlassen, weil er nicht Priester werden könne, bat ihn der Direktor, der ihn jetzt für „unheimlich gescheit" hielt, dennoch zu bleiben, auch wenn die Satzungen seinen Austritt verlangten. Karl wählte die Freiheit und besuchte ein anderes Gymnasium. Rosa war schließlich einverstanden.

Was jedoch jetzt auf sie zukam, hatte sie nicht erwartet. Auch Ludwig hatte sich im letzten Schuljahr entschieden, nicht Priester zu werden, nicht ins Kloster zu gehen, wie Rosa es ersehnte. Heimlich hatte ihm seine Schwester Charlotte bereits das Vorlesungsverzeichnis einer deutschen Universität geschickt.

In den Osterferien offenbarte er der Mutter, was er vorhatte. Rosa war entsetzt. Nein! Das durfte nicht sein. Dann wäre ja doch alles umsonst gewesen, ihr Gebet, ihre Opfer, ihre Arbeit beim Bauern, das Stecken der Rüben, das Melken der Kühe. Nein! Das konnte nicht sein. Ludwig war nun einmal nicht für diese Welt geschaffen. Wenn er Priester wurde, schien ihr die Schande ihrer unehelichen Geburt, das Gehetzt- und Gejagtsein als elternloses Kind und all das unsagbar Schwere, das sie im Leben erfahren hatte, wieder gut gemacht.

Der „Familienrat" wurde einberufen, und während Josef und die Männer der vier Schwestern im Gasthaus zur Krone mit Ludwig seine Freiheit aus allen mütterlichen Bindungen feierten, trat der weibliche Familienrat, bestehend aus der Mutter und den Töchtern, zusammen. Sie kamen zum Ergebnis: Er soll es einfach mal versuchen. Auch Charlotte, die Ludwig zuvor um

Hilfe gebeten hatte, fiel um. In einem Brief, den sie ein Jahr später schrieb, entschuldigte sie sich. Und wieder einmal war der Hitler schuld:

„Du weißt, dass Mutter immer einen ungünstigen Einfluss von meiner Seite auf dich befürchtet hat und dies musste ich doch auf irgendeine Art widerlegen. Dass ich einmal RAD-Führerin war und einem verkehrten Ideal nachjagte, hat man mir nicht verziehen ..."

Ludwig blieb dennoch bei seinem Entschluss. Zunächst. Denn jetzt gewann Rosa einen mächtigen Verbündeten, den Direktor des Internats, der nicht begriff, warum Ludwig, der doch begabt und fromm war, seinem Orden verloren gehen sollte. Gemeinsam berieten Rosa und er, was zu tun sei. Dem Ludwig sagte er: „Du kannst gar nicht anders. Wenn du nicht berufen bist, wer ist dann berufen?" Schließlich wurde auch noch der Ordensobere eingeschaltet, der dem Ludwig eine glänzende Karriere versprach.

Angesichts dieser Wolke von Zeugen gab Ludwig nach. Er trat in das Noviziat des Ordens ein.

Briefe in ein Kloster

Jahre vergingen. Ludwig feierte seine erste Messe, die „Primiz". Tags zuvor hatte er erfahren, dass sein „kleiner Bruder" Karl, der gerade sein Abitur gemacht hatte und jetzt im Krankenhaus lag, sterben würde. Wenige Wochen später war es soweit. Sein Tod wog schwerer für Rosa als alles, was sie bisher erlebt hatte. Ein Jahr darauf starb Josef, ihr Mann. Und auch ihre Tochter Toni ging ihr im Sterben voraus.

Doch all das war zu ertragen. Nein, dachte Rosa, ihr Leben war nicht umsonst. Ihr Sohn Ludwig war Priester geworden. Und wer weiß, welche Chancen ihm noch offen standen! Mit ihren Briefen begleitete sie sein Studium und seine ersten Berufsjahre. Wenn er zaghaft, inzwischen 23 Jahre alt, zu erkennen gegeben hatte, dass er hin- und hergerissen sei und nicht wisse, ob er die richtige Lebenswahl getroffen habe, suchte sie ihn zu bestärken, und wenn er schrieb, er müsse seinen eigenen Weg gehen, suchte sie sich zu rechtfertigen.

„*Ich spüre*", schrieb sie, „*einen versteckten Vorwurf in Deinem Brief. Aber wenn ich wirklich gefehlt habe, dann tat ich es sicher nur aus Liebe zu Dir. Du warst mir unter allen meinen Kindern wie kein anderes zutiefst in mein Herz gewachsen. Du warst ja so unbeholfen, auch wenn vielleicht ich und wir alle daran mit schuld waren.*

Vor allem Ungemach der Welt wollte ich dich schützen. Du weißt ja nicht, wie kalt und böse die Welt sein kann. Das habe ich schon als kleines Mädchen empfinden müssen, und so ist es dann immer weiter gegangen. Gar keine Heimat haben, kein Elternhaus, keine Mutter, keinen Vater, der mit einem gut und lieb ist, das könnt Ihr nie begreifen, wie weh das tut. Ging ich später von einer Arbeitsstelle weg, so musste ich nachts auf einer Bank in den städtischen Anlagen sitzen, bis ich am nächsten Morgen an die neue Stelle kam.

Davor wollte ich Euch alle bewahren, und ich glaubte wirklich, ich hätte Euch eine Heimat geschaffen. Wenn sie auch arm war, glaube ich doch, sie war wenigstens warm. Vielleicht kannst Du jetzt leichter verstehen, wenn ich gerade Dich in sicherem Schutz haben wollte. Glaube mir, ich wollte und will nur Dein Glück. Ich will gewiss von keinem meiner Kinder einen Nutzen haben. Es wäre nur mein größtes Glück, wenn ich wüsste, dass ihr alle versorgt seid."

Wenn ihr Sohn ihr andeutete, dass er bisweilen deprimiert sei, ließ auch sie ihn in ihr Inneres blicken:

„Ich weiß, dass du das von mir geerbt hast. Deine Geschwister geraten nach dem Vater. Der sagt immer nur: Das wird sich schon geben. Doch ich kann´s Dir nicht sagen, wie es manchmal in mir aussieht. Ich lese gerade wieder einmal: Der Prozess Jesu, von Leo Weismantel. Dann war ich auch noch im Theater: Der Prozess Jesu, von Danilo Dolci. Dass Gott seinen Sohn so furchtbar hat leiden lassen, und auch die Gottesmutter. Sie waren ihm doch die Liebsten. Mich schüttelt es am ganzen Körper. Mein Inneres sträubt sich dagegen, dass Gott Vater dieses wollte. Ich bekomme wirklich Angst vor ihm."

Und nach dem Tode Karls:

„Manchmal ist es schon recht schwer. Es ist mir, als ob ich der ewige Jude wäre, der nirgends Ruhe und Rast findet. Immer wieder kommen so schreckliche Tage. Die Nächte sind noch viel schwerer."

Dennoch, Rosa war stolz auf ihren Sohn, der inzwischen Priester war und in München an der Ludwig-Maximilians-Universität studierte. Sie besuchte ihn und musste an die Tage denken, als sie Jahrzehnte zuvor an einem kalten Weihnachtstag zum ersten Mal in diese Stadt kam, die für sie zur „höllischen Stadt" geworden war.

Gusti

In einem Dorf im Voralpenland, wo die hügelige Endmoränenlandschaft in ein weites, mit Sträuchern und Fichten bewachsenes Moorland ausmündet, steht auf einem kleinen Hügel eine schlichte Kirche, umgeben von alten, reichverzierten, geschmiedeten Grabkreuzen; hinter einer niedrigen Mauer daneben das Gasthaus und einige behäbige Bauernhöfe, dazu seit Neuestem etwas abseits die „Siedlung": Reihenhäuser, erstellt vom ortsansässigen Bauunternehmer, in dem sich Heimatvertriebene – Flüchtlinge – niederließen. In der Umgebung erinnern zahlreiche, mit einer braunen Brühe gefüllte Tümpel daran, dass die Dorfbewohner, als das Brennholz während des Krieges teuer und selten geworden war, hier Torf gestochen haben. „Filze" oder „Moos" nennen die alteingesessenen Einheimischen diese Landschaften. Sie selbst aber müssen sich von den zugewanderten Stadtmenschen gefallen lassen, dass man ihnen den wenig schmeichelhaften Namen „Moosbummerln" gibt, was so viel heißt wie „sture unbändige junge Stiere", mit denen man sich lieber nicht einlässt. Gewiss, man kann mit ihnen verhandeln, auch wenn sie hundert Mal den gleichen Satz ausstoßen:

„Des is a harte Nuss", aber man muss schon trinkfest sein, wenn man mit seinem Anliegen zum Ziel kommen will.

Dort, in dem Dorf, residierte Pfarrer Franz Göcklmayr, ein Beamtensohn und Stadtmensch, der zuvor in der Landeshauptstadt am Gymnasium Religionsunterricht erteilt hatte, ein katholischer Priester, der nach Jahrzehnten Seelsorgepraxis noch immer an den Entwicklungen in der Theologie interessiert war und fast jede Woche in die Stadt fuhr, um die neuesten Bücher zu kaufen. Als sein Vater schwer erkrankte, hatte ihn die Mutter gebeten, er möge um eine Landpfarre mit einem geräumigen Pfarrhaus eingeben. Die Landluft würde dem Kranken guttun. Göcklmayr bekam die Pfarrei. Doch noch ehe er sie antreten konnte, war der Vater gestorben. Seine alles beherrschende Mutter zog mit ihm aufs Land. Sie wurde krank, und auch sie starb.

Pfarrer Göcklmayr war allein. Er litt an der Kirche, die ihm nicht mehr reformierbar schien, er litt an seiner Einsamkeit, er litt am Zölibat. Mit den „Moosbummerln" konnte er nichts anfangen und sie nichts mit ihm. Ein Trost blieben die Arbeiter, die Schlesier von der „Siedlung". Sie schulte er zu „Laienhelfern". Und noch ein weiterer Trost blieb: Gusti, die Tochter des Schulleiters aus dem nahen Lehrerhaus. Als die Mutter krank und fast blind im Bett lag, hatte das damals zwölfjährige Mädel begonnen der Kranken vorzulesen. Nicht nur die Kranke, sondern auch Fräulein Anni, die nun den Haushalt führte, mochte das lebhafte Kind. Der Pfarrer, der keine Kinder bekommen durfte, war vernarrt in Gusti, die er überall als seine Tochter ausgab.

Gusti aber hatte im Pfarrhaus eine Heimat gefunden, die sie zu Hause nicht besaß. Ihre Mutter starb, als sie ein halbes Jahr alt war. Ihr Vater, der kurz zuvor aus dem Krieg heimgekehrt war, hatte den herben Verlust nie verwunden. Dazu kam, dass er, der Musiker, der bekannte Organist mit einer von einer Kugel verletzten steifen Hand aus dem Feld heimgekehrt war. Wenige Tage später hatte er den großen Flügel im Wohnzimmer mit einem Hammer zertrümmert. Gewiss, er tat seinen Dienst als Schullehrer, aber sein Leben schien zerstört, für immer. Er starb plötzlich, gerade 56 Jahre alt.

Auch ein Traum, der ihn bis dahin am Leben gehalten hatte, war damit gestorben. Wenn er schon nicht mehr selber als Musiker auftreten konnte, so wollte er wenigstens nach seiner Pensionierung ein „Beisl", ein Lokal in Nähe des Opernhauses in München eröffnen, in dem sich Opernbesucher und Künstler treffen sollten. Und Gusti, seine Tochter, sollte das Lokal führen. Sie musste daher den Besuch des Gymnasiums aufgeben und eine Handelsschule und anschließend die Hotelfachschule besuchen. Damit sie allen Anforderungen gerecht werden konnte, wurde sie nach England geschickt, um ihre Sprachstudien mit einem Diplom abzuschließen: „Lower Cambridge, Higher Cambridge". Sie begann ihre praktische Ausbildung in einem führenden Hotel in München. Schon war sie zur weiteren Ausbildung in einem Genfer Hotel angemeldet, als ihr Vater starb. Wenige Tage nach dem Tod ihres Vaters, den sie über alles geliebt hatte, kündigte sie und begann einen neuen, ganz anderen Beruf. Sie wurde Bodenhostess am Münchener Flughafen. Häufiger noch als früher verbrachte sie nun Tage und Nächte im nahen Pfarrhaus.

Es war an Weihnachten. Aus der Stadt war ein Seelsorgehelfer gekommen: Ludwig war während der Feiertage aufs Land zu Pfarrer Göcklmayr geschickt worden. Es war nicht das erste Mal, dass er zu ihm zur Aushilfe gerufen wurde. Pfarrer Göcklmayr mochte ihn und Ludwig verstand den Mittfünfziger, der sichtlich auflebte, wenn beide bei einem Glas Wein die Ereignisse in Staat und Kirche kritisch beleuchteten.

„Wir haben für die Aufhebung des Zölibatgesetzes gekämpft", sagte Pfarrer Göcklmayer, *„nicht wir, aber ihr werdet die Früchte unseres Kampfes noch erleben."*

Ludwig schwieg. Er fühlte die Einsamkeit des Pfarrers fast körperlich. Gleichzeitig schien es ihm, als habe der Pfarrer seine innersten Gedanken erraten, die ihn seit einigen Monaten bewegten, die er sich aber selbst nicht einzugestehen wagte.

Die Gottesdienste an den Weihnachtstagen im Dorf des Pfarrers Göcklmayr waren anstrengend. Todmüde fiel Ludwig nach der Mette ins Bett. Am Morgen des Christfestes wurde er geweckt.

„Ludwig, aufwachen, aufstehen!", rief Gusti. Sie rief ihn bei seinem Vornamen. Später erinnerte sich Ludwig an die Vorlesungen über die Schöpfungsgeschichte. Sein Professor hatte gesagt: *„Adam hat die Tiere mit Namen genannt. Er hat sich damit ihrer bemächtigt."* Er dachte: *„Gusti hat mich mit Namen genannt und sich meiner bemächtigt."*

Von da an waren Ludwig und Gusti nicht mehr allein.

In den folgenden beiden Jahren lernten sie sich ganz allmählich besser kennen. Gusti, die junge Frau, half Ludwig, einen Schritt zu tun, der ihm immer mehr als unvermeidlich erschienen war, den er allein aber nicht gewagt hätte.

Fünfzehn Jahre lang hatte er versucht, dem Wunsch seiner Mutter zu entsprechen und ein guter Priester zu werden. Jetzt reichte er ein Gesuch um Dispens von den Gelübden und von allen priesterlichen Verpflichtungen ein. Als Grund gab er an, dass er nur so zu seiner menschlicher Reife und Freiheit finden könne.

Als sein früherer Internatsdirektor von seinem Schritt erfuhr, besuchte er ihn. *„Warum hast du mir nichts gesagt? Ich hätte eine Lösung deiner Probleme gefunden."* Und nach einer Pause fügte er hinzu: *„Was sagt deine Mutter dazu? Diese Frau!"*

Als er es endlich seiner Mutter zu sagen wagte, schien sie völlig zu zerbrechen. Sie schrieb Ludwig:

„Es ist das Schwerste von allem, was ich im Leben durchgemacht habe und es war gewiss nicht wenig. Verzeih mir, dass ich das schreibe, aber mein Kopf und Herz sind nicht mehr ganz intakt. Vater ging. Alles musste ich immer allein machen. Warum war Karl da? Ich weiß es nicht. Nicht mal richtig beten kann ich. Also lebe wohl!"

Es dauerte lange, bis Rosa, inzwischen fast achtzig Jahre alt, mit dem fertig wurde, was ihr der schwerste Schlag ihres Lebens schien. Warum und wozu hatte sie gelebt? Was hatte sie erreicht? Was war aus ihren Kindern geworden?

Doch so allmählich kam eine bis dahin nicht gekannte Ruhe in ihr Leben. Sie besuchte jetzt häufig ihre Kinder und Enkelkinder. Sie hatten es geschafft, und sie hätte sich sicher gefreut, hätte sie noch erlebt, dass die Kinder, die mit ihr spielten, zwar keine großen Reichtümer erwerben, aber als Wissenschaftler, Professoren, Therapeuten ihren Mann und ihre Frau stellen würden.

Am liebsten besuchte sie Ludwig. Seit sein Sohn auf der Welt war, hatte sie sich mit ihm versöhnt. Seine Frau Gusti aber hatte sie liebgewonnen. Ihr erzählte sie von ihrem bewegten Leben.

Die letzten Tage ───────────────────────

Rosa lebte seit einem Jahr im Altersheim. Es war nicht ihre Welt. Zum Dasitzen und Betreutwerden war sie nicht geschaffen. Ein genormtes Leben war ihr zuwider und sie begriff, warum ihr Sohn Karl sich im Internat nicht wohl gefühlt hatte.

An ihrem 82. Geburtstag war sie von ihrer Tochter Ilse zum Kaffee eingeladen worden. Sie war auf dem Rückweg, saß gleich bei der Eingangstüre im städtischen Omnibus. Mit 82 Jahren würde sie sterben, hatte ihr einst eine Zigeunerin geweissagt. Daran dachte sie, und sie überlegte sich, was sie zwei Enkelinnen schreiben sollte, die ihr das Herz ausgeschüttet hatten.

Ein junger Mann rannte über die Straße. Der Busfahrer musste bremsen. Rosa fiel von ihrem Sitz, hinunter auf die Treppe zur Türe.

Am Steuer saß eine weiße Gestalt, der heilige Norbert. „Ihr braucht keine Angst haben!", sagte er den Fahrgästen, „der Herrgott wird's schon recht machen." Der heilige Norbert am Steuer wurde immer größer. Er wuchs über den Bus hinaus. Seine Haare hingen ihm ins Gesicht. Sein roter Bart flog im Wind. „Röserl", sagte er, „hab keine Angst! Ich bin bei dir!" War das ihr Urgroßvater, der am Steuer saß? „Aber ich bin's doch, Röserl", sagte der Mann, der neben ihr saß – groß, mächtig, stark – und ihre Hände hielt. Es war Georg, ihr Geliebter. „Hab keine Angst!", sagte er, „ich bin jetzt immer bei Dir."

Sie hörte eine Stimme, die ihren Namen rief. Aus weiter Ferne hörte sie die Stimme, die immer näher kam, immer lauter ihren Namen rief. Sie öffnete die Augen. Ein Gesicht neigte sich über sie. War das Professor Friedrich, der ihren Mann operiert hatte?

„Na, da haben wir Sie ja noch mal zurückgeholt!", sagte der Arzt.

Sie lag im Krankenhaus. Die Schulter war gebrochen. Bald konnte sie wieder aufstehen. Doch wirklich gesund wurde sie nicht und ins Altersheim wollte sie nicht. Sie musste auch nicht. Dafür sorgte Wally, ihre Schwester, dafür sorgte Schwester Arthura.

„Du lebst nicht mehr lang", sagte sie. „Aber du kannst da bleiben, wenn du in der Küche mithilfst. Die Schwestern geben dir ein Zimmer."

Rosa war damit zufrieden. Sie tat tagsüber, was ihr möglich war. In den Nächten aber, wenn sie ganz allein in ihrem Zimmer lag, unterhielt sie sich mit den Menschen, die ihr im Leben begegnet waren.

Noch einmal kehrte sie am Ersten Adventsonntag, während draußen der eiskalte Winterwind wehte, in ihr altes Leben zurück. Schwester Wally mit einem Heer von Schwestern mit schwarzen Schleiern und gestärkten weißen Krägen kam auf Besuch. Tochter Ilse brachte einen Kuchen mit. Rosa war fröhlich. Man lachte, man redete. Ihr war mit einem Mal so leicht ums Herz.

„Es war ein schöner Tag", dachte sie, als sie einschlief. Sie wachte nicht mehr auf. 82 Jahre war sie alt geworden, wie die Zigeunerin prophezeit hatte.

Der Winterwind jagte über den Friedhof, als man sie begrub.

II. Das Kloster zu Erlbach

Das Kloster zu Erlbach

Konrad von Gottes Gnaden, demütiger Diener der Kirche von Salzburg und Bevollmächtigter des Apostolischen Stuhles an den Herrn Johannes, Propst des Klosters zu Erlbach.

Eure Wünsche, ehrwürdiger Herr Propst, die auf Eurem Eifer um die Religion beruhen, haben wir mit entschlossenem Herzen im Auge, auf dass Ihr das Werk Eurer Heiligung mit erneuerter Kraft vollenden könnt.

Daher stellen wir, geliebtester Sohn in Christo, den Ort Erlbach und dessen Grund und Boden unter den Schutz Beati Ruperti, indem wir in der Vollmacht der heiligen und unteilbaren Dreifaltigkeit festsetzen, dass der Kanonikerorden, der sich vor siebenzig Jahren entsprechend der Regel des heiligen Augustinus zu Erlbach niedergelassen hat, dort unveränderlich zu allen Zeiten bewahrt wird. Keinem Eurer Untergebenen aber sei es gestattet, ohne die Erlaubnis des Propstes aus dem Kloster wegzugehen, weder unter dem Vorwand einer religiösen Verpflichtung noch aus irgendeinem anderen Grunde.

Wenn Ihr aber, derzeitiger Propst zu Erlbach, sterben werdet, oder auch einer Eurer Nachfolger, soll kein neuer Propst durch Gewalt oder Hinterlist an die Spitze des Konventes gestellt werden, sondern nur der, den die Brüder gemäß der Regel Beati Augustini in ihrer Wahl auserkoren haben.

Dieser unser Wille soll für alle Zeiten gültig sein. Gegeben zu Salzburg, am Zweiten Tage des Monats Februarii im Jahre Unseres Herrn Eintauseneinhundertachtundsiebzig.

Konrad der Dritte, Erzbischof.

※

So kam es, dass zu Erlbach inmitten des hügeligen Voralpenlandes ein Kloster entstand, das Jahrhunderte hindurch zum Mittelpunkt kirchlichen Lebens wurde, ein Ort, in dem die schönen Künste, Malerei, Architektur und Musik wie auch die theologische Gelehrsamkeit eine Heimstatt fanden. Allen Stürmen und Kriegswirren hielt das Kloster in vielen Jahrhunderten stand, und kaum war der Dreißigjährige Krieg zu Ende gegangen, als der mächtige Propst Athanasius Peitlhauser in Erlbach den ersten prunkvollen barocken Kirchenbau in Bayern errichten ließ. Auch der berühmte Prediger Pater Mercurius gehörte nach dem großen Krieg dem Kloster in Erlbach an. Im 18. Jahrhundert aber standen die Mönche von Erlbach in enger wissenschaftlicher Verbindung mit der gelehrten Gemeinschaft von Saint Germain des Prés in Paris.

Doch jäh beendete 1803 die Säkularisation das blühende wissenschaftliche und kulturelle Leben. Aus den Zellen wurden Schlafstätten für arme Familien. Küchenherde glühten in den Klostergängen. Holzlager verstellten den Durchgang. Von den Wänden bröckelte der Putz. Der Kapitelsaal im ersten Stock wurde zu einer Scheune. Die Zimmer im Erdgeschoß wurden zum Kuhstall. Der Kreuzgang im Garten diente als Tenne zum Dreschen des Getreides, und so glich das Kloster einem Spinnengewebe in einem verlassenen Bienenkorb.

Fünfzig Jahre vergingen, bis das Kloster neu besiedelt wurde. Unter der Leitung des Propstes Franziskus von Waldegg zogen Mönche aus Wien in die ehrwürdigen Gemäuer ein.

Hundert Jahre später

„Juhu ... Juhu-stuus ut paalma – florebiit" klang der Gesang der Mönche, zuerst leise, dann immer mächtiger anschwellend, durch die Gänge des alten Klosters zu Erlbach.

Ludwig stand mit nacktem Oberkörper am Waschbecken in seiner Zelle und tauchte den Rasierpinsel in das eiskalte Wasser. Er lauschte dem Gesang der Mönche, der mit einem Mal von Geräuschen aus dem Zimmer nebenan gestört wurde. Dort hatten sie den Peter untergebracht, der in den klösterlichen Morgen hinein posaunte: *„Anneliese, o Anneliese, warum bist du böse auf mich?"*

Ludwig streifte sein Hemd über und trat in den dunklen Gang hinaus. Aus den Zellen des Klostertrakts, in dem das Noviziat untergebracht war, kamen dreizehn junge Männer. Mühsam krochen sie aus ihren Zimmern heraus. Ludwig kannte die meisten. Vor einem Monat hatten sie im Internat ihr Abitur gefeiert. Die anschließenden Ferien waren kürzer als in den früheren Jahren. Mitte August wurden sie im Kloster erwartet. Doch sie hatten den Propst um Aufschub gebeten.

Geantwortet hatte der „Pater Magister", der „Meister":

Grüß Gott, mein Lieber! Du staunst, dass heute ein Brief von Deinem zukünftigen Magister kommt. Die Verantwortung für jeden von Euch lässt mir keine Ruhe. Es besteht Anlass, darauf hinzuweisen, dass an dem festgesetzten Termin sich nichts geändert hat.

Mein Lieber! Der Start ist entscheidend, ja lebenswichtig. Ein lahmer Start lässt manchen Beruf verkümmern und schließlich zugrunde gehen.

Mein Lieber! Auch der Herrgott hat seine Termine. Er ruft oft bloß einmal. Gib keiner Versuchung nach, die Dich bestimmen will, den von Gott vorgezeichneten Weg auch nur einen Tag später anzutreten!

In großer Sorge schreibe ich, in großer Liebe erwarte ich Euer aller Kommen, damit wir ein Jahr zusammen unsern Weg gehen, der – Gott gebe es – für jeden von Euch abschließen möge mit einer ebenso bewussten wie frohen Weihe an Gott.

※

Die Kandidaten betraten die Novizenkapelle. Bruder Meinrad wies ihnen ihre Plätze an. Dann setzte er sich ans Harmonium und begann zu spielen:

„Mir nach spricht Christus, unser Held! Mir nach, ihr Christen alle! Verleugnet Euch, verlasst die Welt! Folgt meinem Ruf und Schalle ...!"

Pater Johannes, groß, schlank und etwas gebückt, mit leidendem Gesichtsausdruck, schritt nach vorne und befahl denen, die geduckt vor ihm saßen, sich zu setzen. Leise, mit zitternder Stimme, begann er zu reden: „Ich frage euch nicht, warum ihr gekommen seid! Eure Gründe, und mögen sie noch so großartig sein, zählen nicht vor Gott. Vielleicht habt ihr euch vorgenommen, viele Seelen vor der Verdammnis zu retten, viele Heiden in den fernen Ländern zu bekehren. Das alles sind wunderschöne Träume, doch jetzt müsst ihr sie vergessen. Im Kloster geht es nicht um das, was ihr wollt. Es geht nicht um eure Leistungen, nicht um eure Wünsche, im Kloster geht es um das, was Gott mit euch vorhat.

Warum ihr gekommen seid, ist nicht entscheidend. Entscheidend ist, wozu ihr gekommen seid. Und wozu seid ihr gekommen? Die Antwort gibt unser Herr und Heiland Jesus Christus. ‚Ich bin gekommen', sagt er, ‚nicht um meinen Willen zu tun, sondern den Willen dessen, der mich gesandt hat, so wie dies in der Schriftrolle von mir geschrieben steht ...' Seinem eigenen Willen, seinen Wünschen und Träumen ganz zu entsagen, und seinen Willen in die Hände des Vorgesetzten zu legen, das ist das A und O des klösterlichen Lebens ..."

Pater Johannes feierte, tief versunken ins Gebet, mit Tränen in den Augen, die heilige Messe. Nach dem Gottesdienst beteten die Kandidaten gemeinsam:

„Jesus Christus, großer König, du bist bei mir eingekehrt. Freudig trag ich dich im Herzen, dem die ganze

Welt gehört. Sieh, nun sollst du alles haben, was in meinem Herzen ist! Alles leg ich dir zu Füßen, weil du ja mein König bist ..."

Schweigend kehrten die Kandidaten in ihre Zellen zurück. „Der Pater hat Recht", dachte Ludwig. „Das ist die Lösung meiner Probleme. Warum bin ich gekommen? Ich bin gekommen, weil sie mir eingeredet haben: Du bist berufen. Wenn du nicht berufen bist, wer ist dann berufen? Alle hatten sie es gesagt, der Direktor im Internat, der Beichtvater, die Eltern und Geschwister und schließlich der Propst Simon, der versprochen hatte: Wenn du bei uns eintrittst, wirst du Prior, du wirst Professor der Theologie, du wirst Propst."

„Bin ich deswegen gekommen?", fragte sich Ludwig. „Ja, ich bin gekommen, weil sie mich dazu drängten." Doch das „Warum" meines Kommens ist nicht entscheidend. Entscheidend ist das „Wozu". Nicht um meinen Willen zu erfüllen, bin ich gekommen ... nicht mein Wille, der Wille Gottes ist entscheidend ... wie in der Schriftrolle, wie in der Schriftrolle ...

Zehn Tage später, in der goldstrahlenden Klosterkirche: Die 13 Novizen empfangen das Ordenskleid, den schwarzen Talar. Patres und Brüder umarmen sie und nehmen sie in ihre Gemeinschaft auf.

Das Noviziat

Die Novizen versammeln sich schweigend. Pater Timotheus, der Meister, begleitet von seinem Gehilfen, Bruder Paulus, betritt den Konferenzraum. Gequält, ja verängstigt wirkt der Meister, als er zu reden beginnt. Warum erzählt er nicht von Gott, warum erzählt er von Russland, vom Krieg an der Wolga, von der „Rollbahn" und dem mühsamen Marsch der Soldaten?

„Wenn wieder ein Krieg kommt und ihr einrücken müsst", sagt er, „da kann es sein, dass ihr ganz nackt duschen müsst. Da müsst ihr mitmachen, auch wenn ihr Theologen seid. Sonst werdet ihr ausgelacht!" Die Novizen fragen sich: Warum erzählt er das? Es ist nicht ihr Problem.

Doch der Meister marschiert mit ihnen weiter durch Russland. Der Marsch endet bei einem Bahnhof. Da steht ein Güterzug, da stehen Eisenbahnwägen, voll von explosivem Öl. Ein Soldat – oder ist es ein russischer Gefangener? – steht rauchend am Bahndamm. Achtlos wirft er die brennende Zigarette auf den Wagon vor ihm. Der Wagon explodiert. Von dem Soldaten –

oder war es doch ein Gefangener? – ist nichts mehr übrig.

Und jetzt endlich wird es theologisch. Es geht um die Sünde, um das leichtfertige Spiel mit der Lust. Die Gefahr ist tödlich. Wer mit der Sünde spielt, dem ergeht es wie dem Mann am russischen Bahndamm. Doch weiter geht der Marsch. Vom Bahndamm leitet der Meister über zu den Gleisen und damit zum Sinn des Noviziats. „Wisst ihr, dass die Gleise in Russland breiter sind als bei uns?", fragt er. „Wenn man nach Russland fährt, muss man die gewohnte Spur verlassen. Man muss umspuren hin zu einer größeren, weiteren Spur. Darum geht es auch im Noviziat. Ihr müsst in dem Jahr, das vor euch liegt, umspuren."

Ein Jahr lang wird „umgespurt". Die Novizen sind fast ständig zum Schweigen verurteilt. Außer am Donnerstag, an dem, wie in den Zeiten des alten Rom – zu Ehren Jupiters? – geredet werden darf. Kein Radio, kein Fernsehen. Die Welt bleibt draußen. Zeitungen gibt es nur, in kleine Portionen geschnitten und aufgespießt, in den Toiletten.

Doch nicht immer und nicht allen gelingt das Umspuren. Wenn Peter aus dem Fenster blickt, ist er fasziniert von den hübschen Schlüpfern an der Wäscheleine im benachbarten Garten. Lebhaft stellt er sich das vor, was in die Schlüpfer hineingehört. Peter ist bemüht, die mühsam dahin schleichenden Tage unterhaltsam zu machen. Man erzählte sich, dass er, wenn er mit fliegendem Talar über die Gänge renne, nichts, aber auch gar nichts darunter trage. Beim Gottesdienst soll er das Evangelium vom Sämann lesen, der ausging, seinen Samen zu säen. Peter liest: „Ein *Seemann* ging aus, seinen Samen zu säen." Die Novizen würgen das Lachen hinunter. Laut lachen ist verboten. Im Kloster, hatte der Meister gesagt, dürfe man höchstens „in den hinteren Falten" lachen.

Der Silvesterabend kam. Im Noviziat trat an die Stelle von Punsch und Bowle die Verlosung der Jahrestugenden und Jahrespatrone. Auch Ludwig zog sein Los und las: *„Dein Jahrespatron ist der heilige Ephräm, der Syrer. Deine Jahrestugend heißt: Sei in deinem ganzen Denken auf das Jenseits ausgerichtet!"* Mit der Verlosung war die Silvesterfeier zu Ende. Nicht so für Peter. Heimlich schlich er gegen Mitternacht ins Ökonomiegebäude. Nacheinander entführte er drei Schweinchen und ließ alle drei durch die Klostergänge laufen. Glücksschweinchen für das neue Jahr sollten sie sein. Doch damit war sein Maß voll. Der Meister legte ihm nahe, sich zu ändern oder das Noviziat zu verlassen.

Peter ging. Wenige Wochen später folgte der nächste, dann noch einer und noch einer. Sie gingen freiwillig. Und immer, wenn ein Austritt bevorstand, kam große Trübsal über den Meister. Mit den Novizen ging er aufs Eis, nicht weil es ihm zu gut ging. Auf dem zugefrorenen Klostersee spielte der Meister mit seinen Jüngern Fußball, nicht mit einem Ball, sondern mit einer zerbeulten Blechdose. Wenn er wütend auf die Dose drosch, wussten die Jünger, dass wieder einer sie verlassen würde.

Es kam der Tag, an dem der Meister sich Ludwig, seinem gehorsamen Lieblingsjünger, offenbarte. Er wisse nicht mehr, was er tun solle. Er sei am verkehrten

Platz. Und dann – Ludwig war überrascht – klagte der Meister, Propst Simon sei an allem schuld, er habe ihn von seiner Seelsorgestelle weggeholt, wo er sich wohl gefühlt hatte, habe ihn gezwungen, Novizenmeister zu werden. Und überhaupt: der Propst habe kein Verständnis für seine Untergebenen. Offizier sei er gewesen im Ersten Weltkrieg. In seinem Zimmer hänge eine große Karte, auf der die Stationen verzeichnet sind, an denen die Patres seines Klosters arbeiten. Es sei seine Generalstabkarte, vor welcher der Propst Stunden verbringe und Stecknadeln mit verschiedenfarbigen Köpfen hin und her stecke. Die Stecknadeln seien die Patres. Ludwig wusste nichts dazu zu sagen, hatte doch der Meister vor wenigen Tagen gepredigt, ein Pater im Kloster müsse ein „Allesstecker" sein, man müsse ihn überall „hinstecken" können.

Weinend klagte der Meister: „Ich bete und faste. Doch der Herrgott hilft nicht. Du musst mir helfen. Bete und faste mit mir!"

Dass Probejahr war zur Hälfte vorüber. Im Konferenzraum befanden sich nur noch *sieben* Novizen, die mit ihrem Meister das „Umspuren" übten. Ludwig kam der Satz in den Sinn, den er gerade in der Bibel gelesen hatte: „Satan hat verlangt euch sieben zu dürfen." Sie waren gesiebt worden, bis sie nur noch sieben waren.

Doch diese sieben waren nun reif und würdig, in das letzte Geheimnis des klösterlichen Lebens eingeführt zu werden. In der Ordensregel stand der Satz: *„Feria quarta et sexta, post meditationem vespertinam vel examen vespertinum, erit disciplina".*

Die Novizen übersetzen: „Am vierten und sechsten Wochentag nach der abendlichen Meditation oder nach dem Abendexamen ... *erit*" – Futur: „wird sein", kann auch heißen: „soll sein"... Wer oder was soll sein? Antwort: „disciplina" soll sein. Man greift zum Wörterbuch. Da steht: „Zucht, Ordnung, Verfassung, Denkungsart." Das kann es nicht sein. „Eine philosophische Sekte" auch nicht. Vielleicht doch eher: „Unterricht, Gelehrsamkeit, Wissenschaft ..." Das kommt hin. Der Satz lautet also auf Deutsch: „Am Mittwoch und Samstag soll nach der Abendbetrachtung ein Unterricht stattfinden." „So könnte es heißen", sagt der Meister, „was es wirklich bedeutet, werdet ihr in der nächsten ‚Konferenz' erfahren". „Nicht von mir", fügte er hinzu, „sondern von Pater Bernardus."

So kam es, dass zur nächsten „Konferenz" Pater Bernardus die sieben übriggebliebenen Novizen heimsuchte. So nah war er ihnen noch nie gekommen, der weltbekannte Gelehrte, an dessen hagerer, asketischer Gestalt sie scheu vorübergingen. Zu Beginn seines Noviziatsjahres hatte Ludwig auf der Suche nach dem Konferenzraum im Gewirr der vielen Klostergänge gewagt, ihn anzusprechen. Doch Bernardus hatte geantwortet: „Für die Novizen bin ich nicht kompetent." Und nun kam er zu ihnen, gebot ihnen sich zu setzen.

Wie ein halbes Jahr zuvor Pater Johannes fragte auch Pater Bernardus die Novizen: „Wozu seid ihr gekommen?". Seine Antwort unterschied sich von der des Johannes. Denn Bernardus, vor sich hinsprechend, seinen eigenen Worten lauschend, sagte: „Ihr seid gekommen, um Heilige zu werden." Bernardus machte eine Pause, rutschte auf seinem Stuhl hin und her und griff sich an die Stirn.

Dann sprach er von dem unendlich heiligen Gott, er sagte, dass das Gute und das Heilige eines seien, er sprach vom „Strahlenglanz der Heiligkeit" und vom „Goldgrund der Liebe" und er sprach von der „Kreuzesmystik" seines Namenspatrons, des heiligen Bernardus von Clairvaux, der gesagt hatte, dass das Mitleiden mit Jesus zur „*fidelis anima*", zur gläubigen Seele, gehöre. Wer dagegen das Wort vom Kreuz und die Erinnerung an Jesus „*sibi judicat onorosam*" – „für lästig ansehe", werde einen strengen Richter finden. Und darum verlange der heilige Bernardus:

„*Da die Ansprüche des Fleisches sich ständig bemerkbar machen, wird der Büßer stets von Neuem Leiden auf sich nehmen. So findet er fürderhin in der Abtötung eine Herzensfreude. Er legt seinem Körper freiwillig Leiden auf, weil er sich mit dem Leiden Christi am Kreuze vereinigen möchte. So wirkt er mit an der Erlösung der sündigen Menschen.*"

Pater Bernardus räusperte sich. Dann fuhr er fort: „Und darum hat der Heilige aus Clairvaux sich selbst bis aufs Blut gegeißelt. Und so haben es auch andere Heilige getan. Nicht nur im finsteren Mittelalter, auch in unserer Zeit. Ja, meine lieben jungen Mitbrüder, ich kann euch versichern: Alle von der Kirche heiliggesprochenen Heiligen der Neuzeit haben sich gegeißelt.

Die Folgerung könnt ihr selbst ziehen: Wer heilig werden will, muss seinen Körper bekämpfen, er muss sich geißeln. Das haben unsere weisen Ordensväter gewusst, und darum haben sie in unsere heilige Regel das Wort „*disciplina*" geschrieben. „Disciplina" oder auf Deutsch „die Disziplin" ist die Geißelung, und auch die Geißel nennen wir „Disziplin". Bruder Matthias hat für jeden von Euch eine Geißel gefertigt. Während wir hier versammelt sind, hat er die Geißeln in eure Zimmer gelegt. Wenn ihr am nächsten Mittwochabend mit der Gemeinde in der Kapelle versammelt seid, wird der Vorbeter sprechen: „*Fratres, apprehendite disciplinam, ne quando irascatur Dominus, et pereatis de via justa.*" – „Brüder, ergreift die Disziplin, damit der Herr nicht erzürnt wird und ihr nicht abweichet vom geraden Wege!" Dann geht in euer Zimmer und geißelt euch!

Im Konferenzraum war es still geworden. Die Novizen starrten ungläubig ins Leere.

„Noch etwas muss ich Euch sagen", begann Pater Bernardus erneut, „haltet euch nicht an die Vorschriften in dem Buch Der gute Ordensbruder! Da könnt ihr lesen: ‚Gib bei der Geißelung die Schläge dem ganzen Leibe, damit Du sie immer neu fühlst, sonst lacht dich der Teufel aus!' Das sehen wir heute anders: Lasst eure Hosen herunter und schlagt auf euren nackten Hintern! Ihr müsst ja auch an eure Gesundheit denken."

Die Novizen starrten noch immer ungläubig ins Leere. Pater Bernardus stimmte indessen ein Gebet zur Gottesmutter an und verließ den Raum.

Als Ludwig in seine Zelle trat, lag sie auf seinem Bett, die Geißel, aus harter Hanfschnur geflochten und mit

Leim überzogen, mit einem festen Griff, an dem mehrere Stricke befestigt waren. Einmal nur versuchte er die „Bußübung" zu vollziehen. Sie schien ihm unverständlich und schamlos, und was schlimmer war: er empfand die Schläge nicht nur schmerzhaft. Waren sie dazu angetan, die „Wollust" zu erregen? Ludwig fragte Pater Johannes, der sein Beichtvater war. Pater Johannes dispensierte ihn von der frommen Übung.

Dennoch überlegte Ludwig damals, ob er nicht den Orden verlassen sollte. Pater Johannes beruhigte ihn. „Gehen Sie Ihren eigenen Weg und vertrauen Sie auf Gott. Er wird Sie führen!"

Doch es blieb nicht aus, dass Ludwig in Ermangelung von jeder Ablenkung, in Ermangelung zerstreuender Lektüre, in Ermangelung fordernder Beschäftigung immer mehr um sich zu kreisen begann, täglich bearbeitet von den Konferenzen seines Meisters, der seine Zöglinge Tag für Tag zur Vollkommenheit antrieb. Dann entdeckte er in der kleinen Bibliothek des Noviziats ein Buch mit dem Titel *„Aufstieg zum Berge Karmel"*, das mit dem wunderbaren Vers begann:

En una noche oscura
Con ansias en amores inflamada,
O dichosa ventura!
Salí sin ser notada,
Estando ya mi casa sosegada.

In einer dunklen Nacht,
von Liebesglut entbrannt,
O überströmendes Glück!

entwich ich unbemerkt aus meinem Haus,
als es in tiefer Ruhe lag.

Ludwig glaubte seinen „eigenen Weg" erkannt zu haben. Seine Sehnsucht nach Liebe konnte nur der liebende Gott stillen. Der Weg dorthin aber war steinig und schmal, war ein Weg durch eine tiefe, dunkle Nacht ... Denn so zeichnete der Geisteslehrer Johannes vom Kreuz diesen Weg:

Willst du alles genießen, suche in nichts Genuss!
Willst du alles wissen, verlange nichts zu wissen!
Willst du alles besitzen, verlange nichts zu besitzen!
Willst du alles sein, verlange nichts zu sein!
Willst du nichts genießen, geh dorthin, wo du nichts genießest!
Willst du nichts wissen, geh dorthin, wo du nichts weißt!
Willst du nichts besitzen, geh dorthin, wo du nichts besitzest!
Willst du nichts sein, geh dorthin, wo du nichts bist!

Diesen Weg wollte er gehen. In sein „geistliches Tagebuch" notierte er:

„Das Opfer, die Entsagung, die Abtötung ist das beste Gebet. Wenn du nicht freiwillig verzichten gelernt hast, wirst du versagen, wenn Gott fordert, wenn seelische Leiden, Krankheiten, Versuchungen, Gewissensängste, Finsternisse des Geistes dich als Liebeszeichen Gottes besuchen möchten. Viele böse Geister können nur durch freiwillige Entsagung ausgetrieben werden. Wenn du deine Liebe zu Gott und den Menschen nicht

mit Kreuzesholz schürst, wird sie erlöschen. Ein süßes Gesicht machen kann jeder, Tränen vergießen kann jede alte Tante, jedes Krokodil. Das ist nicht Liebe. Seinen Leib kreuzigen für die Sünder, schwer arbeiten mit dem Spaten am Bau, mit einem Satz heraus aus dem Bett, auch wenn der Tag grau sein wird, Christus bekennen vor den Menschen in der rechten Weise, auch wenn Furcht die Zunge lähmen will, das ist Liebe.

Merke: Jeder Augenblick ist ein Stück Ewigkeit. Was vergangen ist, steht still, die Zukunft schreckt uns nicht, der Augenblick ist soviel wert wie Gott selbst, denn in jedem Augenblick begegnet uns Gott und seine Gnade, unabhängig von dem, was war und was wird".

Es dauerte ein weiteres halbes Jahr, bis Ludwig den Weg des „agere contra", den er gewählt hatte, in Frage stellte:

In sein „geistliches Tagebuch" schrieb er:

„Die Bahn, die ich wählte, wurde zur Schmalspurbahn. Sie führte in einen Tunnel, der immer enger wurde. Schließlich stand ich vor einer Mauer. Vielleicht war ja alles nur ein Ausweichen vor dem Leben, vor der Freiheit. Doch wenn ich auch verkehrte Wege ging, das Ziel war Gott."

Trotz allem, Ludwig und seine Mitnovizen, die ähnliche Wege gegangen waren wie er, wagten den entscheidenden Schritt.

Die goldglänzende Barockkirche ist hell erleuchtet. In den ersten Bänken, knien die Eltern und Verwandten der sieben Männer, die ihr Probejahr bestanden haben und dabei sind, sich „in den heiligen Gelübden der Armut, des Gehorsams und der Keuschheit ganz Gott zu schenken". Sie liegen hingestreckt auf dem Kirchenboden, während Bruder Meinrad die Litanei zu allen Heiligen Gottes anstimmt.

Heiliger Josef, bitte für sie!
Heiliger Petrus, bitte für sie!
Heiliger Laurentius, bitte für sie!
Alle Heiligen Apostel und Märtyrer, bittet für sie!
Alle heiligen Jungfrauen, bittet für sie!

Die neuen Kleriker schwören, in ihrem weiteren Leben „gehorsam, arm und keusch" zu leben.

„Was soll jetzt noch kommen? Ich bin für die Welt gestorben", denkt Ludwig. „Eigentlich sind wir doch schon am Ziel."
Der Klang der Orgel tönt triumphierend durch die weite Halle. „*Großer Gott, wir loben Dich!*" Unter dem laut aufbrausenden Jubel der Orgel verlassen die „Geweihten" die Kirche. Sie schreiten durch die Gänge des Erlbacher Klosters, von dessen Wänden, gemalt in düsteren Farben, die Äbte der Vergangenheit auf sie herunterblicken: der mächtige Pater Franciscus von Waldegg, der winzige Pater Carolus Bühler, der hagere Pater Seraphicus Hunglinger.

_____ Die Bekehrung des Franz von Waldegg

Der Kutscher lenkte seinen Fiaker über das holprige Steinpflaster der Wiener Altstadt hinaus zum Prater. Seit Kaiser Josef II. „allen burgerlichen Gastgebern und Coffeesiedern" 1766 erlaubt hatte, „Wein, Bier und dergleichen auszuschenken", waren die vielen Tische vor nahezu fünfzig Wirtshäusern und den riesigen drei Kaffeehäusern vom Mai bis Oktober allabendlich von unzähligen Gästen aus allen Ständen belagert, die sich beim Klang der Musikkapellen des kaiserlichen Militärs bewirtschaften ließen. Hier, am Rand des Wurstlpraters hielt der Kutscher an. Aus dem Wagen stieg Franz von Waldegg, ein eleganter junger Herr, dessen Vater, der Bankier und Großkaufmann Johann Christian von Waldegg, sich rühmen konnte, der reichste Mann in der Kaiserstadt an der Donau zu sein.

Franz von Waldegg wurde von seinen Freunden, die auf seine Ankunft gewartet hatten, begeistert empfangen. Es war eine Runde „genialischer" junger Männer, die den Sohn des „alten Shylock" begrüßten, den Sohn ihres Mäzens Christian von Waldegg: die beiden Maler Leopold und Moritz, der elegante Schauspieler, Dichter und Frauenliebhaber Franz von Sieber, der neu hinzugekommene Rudolf von Kucera und in ihrer Mitte der „Schwammerl", der Kleinste und zugleich der Größte unter ihnen, der Schulgehilfe aus der Roßau, der berühmte Komponist. Sie blieben nicht lange. Nach einem kräftigen Schluck Bier riefen sie den Fiaker, der sie zur Sommervilla der Familie von Waldegg in das nahe Hütteldorf kutschierte.

Es dämmerte, als sie in Hütteldorf ankamen. Die Frau des Hauses, Justina von Waldegg – der Komponist hatte ihr drei seiner Lieder gewidmet –, wartete schon unter der Tür und führte die jungen Männer, die sogleich von den „Waldkindern", den Schwestern Franz von Waldeggs umschwärmt wurden, in den Salon. Nach herzlichen Begrüßungen setzte sich der Komponist ans Klavier, während Franzens Schwester Justina und deren heimlicher Verlobter, der Schauspieler und Sänger Franz von Sieber, abwechselnd dessen neukomponierten Lieder vortrugen.

„Sonnenstrahlen durch die Tannen ...
Wie sie fallen, ziehn von dannen
alle Schmerzen und im Herzen
wohnt reiner Friede nur.

Stilles Sausen lauer Lüfte
und im Brausen zarter Düfte,
sie sich zeigen auf den Zweigen
atmet aus die ganze Flur.

Wenn nur immer dunkle Bäume
Sonnenschimmer, grüne Säume

*uns umblühten und umglühten,
tilgend aller Qualen Spur!"*

Die Verse hatte Franz von Waldegg auf der langen Fahrt von Erlangen nach Wien geschrieben. Er war vor einem Jahr zu dem Philosophen Schelling gereist, den er für den größten Menschen hielt, „den unsere Erde je trug". Er war sein Hörer und Freund geworden. Doch jetzt hatte ihn die Sehnsucht nach einem Mädchen, das er vor seiner Abreise nach Erlangen kennen gelernt hatte, nach Wien zurückgeführt.

Als der Gesang verklungen war, trat Franz von Waldegg vor die Gesellschaft.

„Gestatten Sie", begann er, „dass ich von meiner Begegnung mit Schelling erzähle. Ich floh zu ihm, nachdem mein Geist von Kant sich trennte, weil er mir all zu sehr ein Dogmatiker schien und mir auch Goethe nicht meine Zerrissenheit zu heilen vermochte. Seit ich aus der Zeitung erfahren hatte, dass Schelling in Erlangen nach zwanzigjährigem Schweigen wieder Vorlesungen hielt, drängte es mich, dem Weisen, dessen Redlichkeit und Gründlichkeit mich schon immer angezogen hatte, zu begegnen. Mit größter Begierde hörte ich seine Vorlesungen. Ich erfuhr, wie er mit tiefer Verehrung alle die wunderbaren Geheimnisse erkannte, die uns Plato und die Neuplatoniker, Mystiker und Kirchenväter, Altes und Neues Testament, Mythen und Mysterien verkündet hatten. Kaum jedoch hatte er diesen Faden aufgefasst, der nichts anderes als die katholische Kirche von Adam bis heute ist, als er ihn mit dem Schreckbilde vertrieb, dass auf diesem Weg sich ein Dogmatismus entwickeln könnte. Hatte er in einer Vorlesung aus dem Relativen zum Absoluten gefunden, so erklärte er, als ich ihn des Abends besuchte, dass man dieses Verhältnis eigentlich gar nicht erklären könne. So war er vollkommen der Juno ähnlich, die der zürnende Zeus zwischen Himmel und Erde hing. Denselben Zwiespalt aber, den ich in seiner Philosophie sah, sah ich auch in seiner Persönlichkeit. Während er in edleren Augenblicken eine Fülle von Liebe ausstrahlte, so war er wieder in anderen der reine Abdruck des kalten Todes. Meine Zerrissenheit konnte er so nicht heilen. Äußerlich aufgeregt, innerlich aber erschöpft und zerschlagen kehrte ich gestern zurück. Doch die innere Wunde meines Zwiespalts klafft noch schrecklicher mir entgegen als vor meiner Reise."

Franz von Waldegg hatte sich in immer größere Erregung hineingeredet. Antwort erhoffte er von seinen Freunden. Die aber hatten sich, während er sprach, bei Wein, Bier und Würsteln gütlich getan und waren unter der beseligenden Wirkung des Genossenen von Morpheus Armen umfangen worden.

„Habt auch ihr mich verlassen?!", rief Franz von Waldegg und rüttelte den schlafenden Komponisten. Vergebens.

Inzwischen jedoch war der zuvor bestellte Fiaker an der Hütteldorfer Villa eingetroffen. Müde wankten die Gefährten aus dem Haus. Franz von Waldegg begab sich in sein Zimmer.

⁕⁕

Die Sonne weckte ihn am anderen Morgen. Er kleidete sich an und betrat den Salon, wo ihn sein Vater erwartete.

„Ich freue mich, dass Du zurückgekehrt bist", sagte der alte Bankier von Waldegg. „Doch vergiss nicht, dass Du mein Nachfolger werden sollst. Es wird Zeit, dass Du Dein Jurastudium wieder aufnimmst ..."

Während er noch sprach, fuhr eine Kutsche, bespannt mit vier Pferden, vor. Aus der Kutsche stieg der kaiserlich-königliche Hofreitschulinspektor Gottlieb von Weyrother, gefolgt von seiner zwanzigjährigen Tochter Juliane, deren Gesicht, umschmeichelt von einer zu lieblichen Schneckerln geflochtenen Haartracht, gerötet war von der Frühlingsluft und der freudigen Erwartung auf ihren endlich heimgekehrten Geliebten.

Die Gartentüre sprang auf. Heraus stürmte Franz von Waldegg. Heftig umarmte er das schamhafte Mädchen mit den tiefschwarzen Augen. Es schien ihm, dass sie, nur sie, weit mehr als alle Philosophie und alle Dichtung seine Sehnsucht stillen und seine Zerrissenheit zur Einheit fügen könne.

⁕⁕

Zwei Jahre später. Franz von Waldegg verließ den Hörsaal der alten Universität am Rande der inneren Stadt, wo er sich Jahre hindurch bei den Vorlesungen des in Würden ergrauten Professors Edler von Scheidlein gelangweilt hatte. Tags zuvor hatte er seine Disputation in den Rechtswissenschaften bestanden und durfte sich zwei Monate später „Doctor utrius juris" nennen. Schnell und froh schritt er aus auf dem Steinpflaster der engen Gassen, vorbei an der mächtigen Domkirche St. Stephan über Kohlmarkt und Tuchlauben, ließ den lang gezogenen „Graben" und den „Stock-im-Eisen-Platz" auf der Seite liegen, und strebte durch die Dorotheergasse der Hofreitschule zu. Schneller wurde sein Schritt, führte vorbei am Kramerschen Kaffeehaus, vorbei an der Hofburg des Kaisers, hinaus zum anderen Ende der inneren Stadt, zum Kaffeehaus im Paradeisgartl. Hier wollte er seiner Braut mitteilen, dass nun die Hochzeit stattfinden könne.

Juliane schien noch hübscher geworden zu sein. Aber auch die Krankheit, die sie seit Jahresfrist quälte, die Krankheit, gegen die die Ärzte kein Mittel gefunden hatten, hatte sie gezeichnet. Doch ihre bleiche Schönheit hatte darunter nicht gelitten. Im Gegenteil! Sie schien ihm wie ein Wesen aus einer anderen Welt, wie ein vom Himmel gesandter Engel. Heftig umarmte er sie. Er glaubte fest daran, er würde sie dem Tode entreißen.

Die Hochzeit im Dom von St. Stephan fand einen Monat später statt. Vierspännige Kutschen reihten sich aneinander vom Haus der Braut bei der altehrwürdigen Hofkirche der Augustiner bis hin zum hohen Dom, durch den die Töne der Orgel strömten, als das Paar in die Kirche einzog, begleitet von ihren Familien, an der Spitze die Trauzeugen, auf der Seite der Braut in strahlender Uniform ihr berühmter Vetter, der oberste

Hofstallmeister und Organisator der Spanischen Hofreitschule Max Ritter von Weyrother, auf der Seite Franz von Waldeggs ein älterer, etwas dicklicher, unscheinbarer Herr, bekleidet mit einem schwarzen Rock, den ein lederner Gürtel zusammenhielt, mit kurzen Beinkleidern und wollenen Strümpfen. Es war Friedrich Schlegel, der Philosoph, den Franz von Waldegg durch Vermittlung seiner Braut und von deren Beichtvater Pater Martin vor kurzem kennen gelernt hatte.

Als Fürsterzbischof Maximilian Graf von Firmian dem Brautpaar die Ringe reichte und ihre Hände ineinander legte, ging ein Zittern durch den Körper Franz von Waldeggs, und er hätte nicht sagen können, ob es vom unfassbaren Glück dieses Augenblicks kam oder von dem bangen Ahnen darum, dass der Glanz und die Freude dieses Augenblicks unendlich zerbrechlich waren.

Erneut jubilierte die Orgel. Das Brautpaar und die Festgäste verließen den Raum. In einer Seitenkapelle aber kniete Pater Martin und ließ den Rosenkranz durch seine Finger gleiten. „Herrgott, ich bitte dich", betete er, „lass die beiden glücklich werden!" Doch noch ehe er zu Ende gebetet hatte, fiel sein Blick auf ein Bild in einer Ecke des Raums. Es stellte Jesus am Ölberg dar.

Pater Martin überlegte, ob er alles recht gemacht hatte. Vor einem halben Jahr war Juliane, sein Beichtkind, zu ihm gekommen und hatte ihn gefragt, ob sie auch ihren Bräutigam schicken dürfe. So geschah es, dass Franz von Waldegg, nachdem er sich in den Lehren der Kirche unterrichtet hatte, an einem Faschingsdienstag in Wien an einer Klosterpforte anklopfte und nach Pater Martin fragte. Pater Martin führte ihn in sein Sprechzimmer.

Und obwohl er gekommen war, sein Gewissen in der Beichte zu erleichtern, sagte Franz von Waldegg: „Ich komme nicht um zu beichten."

„Das brauchen Sie auch nicht", beruhigte ihn Pater Martin.

Pater Martin öffnete eine Schranktür, hinter der eine Karaffe mit Wein zum Vorschein kam. Er stellte sie auf den Tisch, brachte zwei Weingläser und schenkte ein. Und während sie tranken, begann er von seinem Leben zu erzählen und von dem alten Pater Clemens, der vor nicht allzu langer Zeit auf der Suche nach Hilfsbedürftigen durch die Stadt gewandert war und der seine Augen geöffnet hatte für alle menschliche Not.

Und da – er wusste nachher selbst nicht, wie es geschah – begann auch Franz von Waldegg zu erzählen. Sein Leben wurde für Pater Martin ein aufgeschlagenes Buch.

Schließlich unterbrach ihn der Pater: „Ich glaube, der Stein, der auf Ihrem Herzen lag, ist weggerückt worden. Jetzt haben sie bereits gebeichtet", und Pater Martin sprach Franz von Waldegg im Namen Gottes frei von Schuld.

Vier Monate waren seither vergangen. Noch einmal waren die alten Freunde gekommen, um an der Hochzeitsfeier teilzunehmen. Dann wurde es still um das junge Paar. Die wenigen, die sie besuchten, wunderten sich über die Veränderung, die mit Franz von Waldegg und seiner Frau vorgegangen war. Juliane sah wie „die Askese in Person" aus und schon im Empfangszimmer schlug den Besuchern eine ungewohnte Atmosphäre entgegen. Auf einem Tisch lagen zwei religiöse Bücher; die Büste des großen Goethe aber diente als Ablage für die Hüte der Eintretenden.

Dunkle Zeiten folgten. Ein Jahr nach Franz von Waldegg wurde seine Schwester Justina mit seinem Freund Rudolf getraut. Doch noch am Tag der Hochzeit, während die Gäste zusammensaßen, erreichte sie die Nachricht, dass der Komponist, der lange Jahre hindurch im Zentrum ihrer fröhlichen Treffen gestanden hatte, gestorben sei. Dann wurde Justina schwanger. Sie gebar eine Tochter, Rosalia. Zwei Wochen nach der Geburt starb sie am Kindbettfieber. Rudolf von Kucera schien ohne jeden Trost. Da wies ihn Franz von Waldegg zu Pater Martin. Was auch immer dabei gesprochen wurde, fast auf den Tag genau ein Jahr nach seiner Hochzeit trat Rudolf in das Kloster des Pater Martin ein. Franz von Waldegg nahm die kleine Rosalia zu sich.

※

Ein Jahr später. Eduard von S., ein junger Künstler und Freund Franz von Waldeggs, besucht am frühen Morgen Pater Martin in Wien. Er will ihn für seine bevorstehende Reise zur deutschen Künstlerkolonie in Rom um seinen Segen bitten.

„Gehen Sie gleich zu Ihrem Freund, dem Rechtspraktikanten von Waldegg!" ruft ihm Pater Martin zu. „Er braucht Sie. Eben erfahre ich, dass Juliane, seine Frau, bei der Geburt ihres Sohnes gestorben ist. Der Grund soll eine Rückenmarkslähmung sein."

Eduard von S. eilt in die Dorotheergasse, zur Wohnung seines Freundes. Franz von Waldegg empfängt ihn an der Tür und führt ihn durch die Zimmer. Im ersten Zimmer sitzt eine Amme, das Kind an der Brust, im zweiten liegt Juliane, seine Frau, tot. Im dritten Zimmer sagt Franz von Waldegg:

„Verschieben Sie Ihre Reise! Ich gehe mit ihnen nach Rom, um dort den Orden des Pater Martin besser kennen zu lernen. Ich will in den Orden eintreten."

Wenig später fährt Franz von Waldegg, nachdem er seinen Sohn und die Tochter seiner Schwester den Großeltern anvertraut hat, nach Italien. Er wird überwältigt vom Glanz der katholischen Kirche, die er in Rom wahrzunehmen glaubt. Von dort aus bittet er Pater Martin um Aufnahme in seinen Orden. Seinen Eltern aber schreibt er:

„Mein Herz, anfänglich durch den übergroßen Schmerz niedergedrückt, atmet freier, und die Erinnerung an die verstorbene Julie ist mehr lieblich als wehmütig geworden".

Inzwischen ist ein halbes Jahr vergangen. Franz von Waldegg kehrt nach Wien zurück. Es gelingt ihm, seine Eltern von der Richtigkeit seines Weges zu überzeugen. Sie nehmen seinen Sohn Johann und die kleine Rosalia für immer in ihre Familie auf. Einen Monat später tritt Franz von Waldegg ins Kloster ein. Seine alten Freunde können es nicht fassen:

„Wie kann ein so enthusiastischer Verehrer Schellings Mönch werden?", sagen sie. *„Vielleicht sehen wir ihn bald mit der Sparbüchse an der Klostertür stehen. Es ist zu arg."*

Franz von Waldegg beginnt sein Noviziat. Die laute Begeisterung, die ihn durch Italien begleitet hatte, ist dem Schweigen gewichen. Und mit einem Mal spürt er, dass er eine Hypothek ins Kloster mitbringt, die er nicht zurücklassen kann. In sein geistliches Tagebuch notiert er:

„Inmitten der Konferenzen meines Meisters überkam mich eine schwärmerische Sehnsucht nach meiner Frau. Mein Herz ist in zwei Teile gebrochen. Die eine Hälfte ist schon im Himmel (darüber hörte ich vor einigen Tagen eine innere Stimme), die andere Hälfte aber sehnt sich mit ihr vereinigt zu werden."

Franz von Waldegg versucht die Gedanken an seine Frau zu verscheuchen. Er macht ein Gelübde, „aber ohne Sünde", falls er es verletzen sollte. Auf einem „Merkzettel" hält er fest:

„1. Ich will mich an das Leben mit meiner Frau weder in Gedanken freiwillig erinnern, noch davon reden, außer mit dem Beichtvater.

2. Ich will mich auch an ihre Person weder in Gedanken erinnern, noch davon reden. Darum will ich auch ihren Namen niemals freiwillig denken oder aussprechen. Davon soll jedoch Folgendes ausgenommen sein: Beim Morgengebet opfere ich ihr alle Mühen des folgenden Tages auf. Auch sonst, wenn ich für Verstorbene bete, kann ich ihrer namentlich gedenken. Ebenso darf ich sie auch anderen ins Gebet empfehlen. In diesem Falle darf ich ihren Namen denken, schreiben und aussprechen.

3. So oft ich von unfreiwilligen Gedanken an sie überfallen werde, werde ich dieselben wie unreine Gedanken vertreiben.

4. Da mir dieses Opfer sehr schwer fällt und mich viel Überwindung kostet und kosten wird, so werde ich alle meine Verdienste, die mir daraus erwachsen, für die arme Seele meiner Frau aufopfern."

Der Auftrag

Später wunderte sich Ludwig darüber, dass er dank der Aussprachen mit Pater Gervasius einigermaßen normal geblieben war. Gervasius hatte Psychologie studiert und sich vorgenommen die „Hysterie" Ludwigs zu heilen.

Es blieb jedoch nicht aus, dass dabei all das, was der „Meister" im Noviziat gelehrt hatte, wieder von ihm abfiel. Und auch die alten Fragen kehrten zurück. „Ihr seid gekommen, nicht um Euren Willen zu tun, sondern den Willen des Vaters", hatte Pater Johannes gesagt. Aber was war der Wille des Vaters? Wer weiß schon, was Gottes Wille ist? War der Wille seines Internatsdirektors, der Wille des allmächtigen Pater Simon, der Wille des Beichtvaters, die ihn im Kloster sehen wollten, war das der Wille Gottes? War der Wille seiner Mutter, die ihn vor der bösen Welt bewahren wollte, der Wille Gottes?

Mit einem Mal wagte er wieder Gedanken zu denken, die er zuvor von sich gewiesen hatte. War sein Leben als Mönch eine falsche Lebenswahl? Wenn ja: hieß die Folgerung dann nicht: Hab den Mut, du selbst zu sein, so schwer dieser Schritt dir fällt, so sehr du Angst hast, den Mutterschoß des bergenden Klosters zu verlassen! Hab den Mut, deinen Verstand zu gebrauchen! Stelle dich auf deine eigenen Füße!

Dann aber geschah, was den Fragen ein Ende bereitete: Pater Ludwig verliebte sich. Seine spätere Frau gab ihm die Kraft, den Schritt aus dem Kloster zu tun. Vieles, was Ludwig nach seinem Austritt aus dem Kloster in seiner Ehe erlebte, war neu, war ungewohnt. Dennoch war die Vergangenheit, sein Leben im Kloster, nicht völlig draußen geblieben. Ja, fast schien es, als sei ihm beides vergönnt, das Drinnen und das Draußen.

❧—❧

Das Telefon läutete. Ludwig nahm den Hörer ab. „Hier Pater Gerhard. Könnte ich Sie besuchen?" „Gerne", sagte Ludwig, „wir freuen uns."

Wenige Tage später gegen Abend kam Propst Gerhard, der Nachfolger Simons, in Ludwigs kleine Wohnung. Auguste stellte einen Schweinebraten und dampfende Semmelknödel auf den Tisch. Propst Gerhard wirkte gelöst. Er stammte aus der gleichen Gegend wie Ludwigs Frau Auguste. Sie verstanden sich.

„Damit ich nicht vergesse, warum ich gekommen bin", wandte sich Propst Gerhard an Ludwig. „Wir könnten einen Deal abschließen. Sie haben, solange Sie bei uns lebten, an einer Dissertation über unser Kloster gearbeitet. Hätten Sie Lust, die Arbeit zu beenden? Wir würden Sie natürlich bezahlen. So wäre uns und ihnen geholfen." Ludwig war einverstanden.

Wenige Wochen darauf. Ludwig kehrte für einen Tag nach Erlbach in sein ehemaliges Kloster zurück. Mit Propst Gerhard besprach er seinen Anstellungsvertrag. Lange stand er im Klostergang vor den Bildern der Pröbste vergangener Jahrhunderte: dem Baumeister Athanasius Peitlhauser, dem gelehrten Theologen Augustinus Hacklinger … Vor den Bildern von Carolus Bühler, Seraphicus Hunglinger und Franciscus von Waldegg blieb er lange stehen.

※※

Zwei Jahre nach der Heirat Ludwigs mit Auguste kam ihr Sohn auf die Welt. Als er sechs Jahre alt war, starb sie plötzlich und unerwartet. An einem Faschingsdienstag wurde sie begraben. Ludwig übernahm die Erziehung seines Kindes.

Stimmen aus dem Jenseits

„Unheil kommt über uns", sagten die Bürger von Erlbach. Ein Sturm hatte die kunstvoll geschwungenen frühbarocken Dachhelme der beiden Türme der Klosterkirche weggefegt. Weit verstreut lagen die Trümmer am Boden.

Propst Franz von Waldegg blickte besorgt aus dem Fenster. Die Revolution hatte die Bayerische Haupt- und Residenzstadt erreicht. Auch das Kloster, so hieß es, würde nicht verschont bleiben. Doch die Gefahr kam nicht von den rebellischen Bürgern. Sie kam von höchster Stelle. Hatten doch einige Patres gegen die Verbindung seiner Majestät, des Königs, mit jenem übelbeleumundeten Mädchen, jener schamlosen unzüchtigen Tänzerin, gewettert, die Seiner königlichen Hoheit den Kopf verdreht hatte. Der König hatte davon erfahren und nun drohte er den Patres.

Seinem Secretarius diktierte er: *„Heute, da ich die Niederlassung der Nonnen in Niederschönenfeld gestatte, verfüge ich mit Lust die Aufhebung des Klosters, dem jener religiöse Eiferer Franz von Waldegg vorsteht. Predigte er doch gegen das Tanzen. Weiß er denn nicht* *wie's in Rom an Carnevale zugeht? Fromm sollen meine Bayern sein, aber keine Kopfhänger!"*

In den nächsten Tagen sollte der Erlass hinausgehen.

Sinnend stand Franz von Waldegg am Fenster. Die wilde Schönheit der Lola, gestand er sich ein, hätte auch ihm gefallen, damals, als er mit dem jungen Komponisten und seinen Freunden die Weinlokale und Bierhäuser Wiens durchstreifte. Doch fast dreißig Jahre waren seitdem vergangen. Sein Leben hatte sich verändert. Der Grund war seine Frau. Sie war das Gegenbild zu der wilden Lola gewesen, sanft, zart, zerbrechlich, gütig. Immer noch, und gerade dann, wenn er einen klaren Kopf gebraucht hätte, immer dann, wenn Gefahr drohte, musste er an sie denken. Sie hätte seinen Kopf auf ihren Schoß gelegt und hätte ihm über die Haare gestrichen, hätte ihm Ruhe und Geborgenheit geschenkt.

Franz von Waldegg erinnerte sich an das Gelübde, das er zu Beginn seines Noviziatsjahres abgelegt hatte: „Du sollst nicht an deine Frau denken!"

„Ja", sagte er zu sich, „aber du sollst zu ihr beten, sie um Hilfe bitten! Sie hat Dir immer geholfen."

Franz von Waldegg betete zu den Armen Seelen, vor allem zu der Seele, die er auf Erden am meisten geliebt hatte, zu seiner Frau Juliane, zur Mutter seines Sohnes. Unwillkürlich kamen ihm Verse auf die Lippen, die doch eigentlich die Himmlische Frau, die Gottesmutter Maria, meinten, aber warum sollten sie nicht auch für die Mutter seines Sohnes gelten, die jetzt im Himmel, im göttlichen Glück, weilte:

"So komm doch, hilf beten mir!
So komm doch, hilf streiten mir!
So komm doch und bleib bei mir!
Du kannst mir ja helfen, Du Mächtigste!
Du musst mir auch helfen, Du Treueste!
Du wirst mir doch helfen ...!"

„Ja, sie wird mir helfen, die Treueste", dachte Franz von Waldegg, während er auf seinem harten Lager nicht zur Ruhe fand.

Die Sonne war über Erlbach aufgegangen. Franz von Waldegg wurde ins Sprechzimmer gerufen. Ihm gegenüber saß eine junge Frau, ein Mädchen, bleich, schüchtern, schön. Sie erinnerte ihn an das Gemälde, das ihm in Rom der Meister Overbeck gezeigt hatte. Es stellte die Madonna dar mit dem schlafenden Jesuskind auf ihrem Schoß. Ihre schöne Gestalt, ihr inniger Blick schien seiner Frau Juliane zu gleichen. Und jetzt stand die Madonna aus dem Gemälde, wie er glaubte, lebendig vor ihm.

Franz von Waldegg unterdrückte die Erregung, die über ihn gekommen war und fragte die Besucherin, ob er ihr helfen könne.

„Eure Hochwürdigste Paternität!", antwortete die Besucherin, die sich als Aloysia Berger vorstellte, leise und stockend, doch in einer merkwürdig altertümlichen Sprache, „was ich Euch zu berichten habe, wird Euch unglaublich vorkommen, wie ja auch ich selbst es nicht zu fassen vermag. Auch denke ich, vielleicht habe ich all das nur geträumt, ja mir scheint sogar, ich sei es nicht selbst gewesen, der diese Erscheinung in der vergangenen Nacht zuteil wurde. Es war, als ob meine Seele aus mir heraus getreten sei."

Die junge Frau hielt in ihrer Erzählung inne. Franz von Waldegg aber, geblendet von dem Abbild der Madonna, dem Spiegelbild seiner Frau, forderte sie auf fortzufahren.

„Es geschah in der vergangenen Nacht", sagte Aloysia, „ein unruhiger Traum voller Unheil und Gefahren, voll von Lärm und klirrenden Waffen schreckte mich auf, dass ich mich in die Erde zu verkriechen suchte, doch nirgends war eine Höhle, wohin ich kriechen konnte. Schwarzgraue drohende Wolken zogen herauf über das Blau des Himmels. Da war mir, als hörte ich eine Stimme, die sprach: „Die Stunde der Zerstörung ist nah. Finster wird es werden vor Euren Augen. Wehe denen, die taub bleiben! Zermalmen wird sie der Herr und der Abgrund wird Euch verschlingen."

Aloysia schwieg und blickte mit weit aufgerissenen Augen ins Leere. Dann fuhr sie fort:

„Eine andere Stimme aber wurde laut mit den Worten: ‚Vertrauet fest, damit ihr nicht fallet! Das Licht kommt und ist schon da. Hell leuchtet es denen, die ihre Herzen öffnen'. In den ringsumher wallenden Nebeln aber sah ich unzählige Geister höherer Regionen, die die Gestalten des Bösen vertrieben. In ihrer Mitte erschien eine strahlende Frau, leuchtend hell und weiß, ein Kreuz auf der Brust. ‚Hab keine Angst!', sprach sie, ‚und sag es den Mönchen: die Rettung ist da und neues Leben wird kommen.'

Und mit einem Mal spürte ich, es war kein Traum. Die leuchtende Frau stand neben meinem Bett, strahlend, gütig und groß. ‚Sagt es', sprach sie, ‚dem Propst, sagt es seiner Paternität, dem Herrn Franziskus von Waldegg, ich bin der Mensch, den er auf Erden am meisten geliebt hat, der Mensch, zu dem er in Schmerzen flehte. Die Mutter Jesu hat mich zu ihm gesandt. Ich werde sein Schutzgeist sein und der Schutzgeist seines Ordens. Die Gefahr, die seinem Kloster droht, wird vergehen wie der Morgennebel im Licht der Sonne. Du aber', so sagte die hohe Frau, ‚sollst meine Botin sein jetzt und fürderhin'."

Aloysia hatte zu reden aufgehört. Franz von Waldegg aber wusste nicht zu antworten. Zu sehr war er von den Worten des Mädchens in innerster Seele getroffen. Kein Zweifel schien ihm möglich. Seine Frau, zu der er gebetet hatte, hatte ihn erhört. Juliane würde seine Beschützerin sein und die Beschützerin seines Ordens.

Er versuchte ruhig zu erscheinen. Dem Mädchen, das vor ihm saß, sagte er, sie solle am besten vergessen, was sie erlebt zu haben glaubte. Dann verabschiedete er sich von ihr. Zu Juliane aber betete er: „Nur um ein Zeichen noch bitte ich Dich."

Tags darauf kam ein Schreiben aus der Hauptstadt. Darin stand: „Der König hat abgedankt. Den Revolutionären sagte er, sie sollen wissen, er wolle kein bloßer Unterschreiber von Dokumenten sein. Seine letzten Erlasse aber, auch die Verfügung der Auflösung des Erlbacher Klosters werden von seinem Sohne, der die Regierung übernimmt, nicht promulgiert werden."

Wenn die Liebe gelang

An einem Tag im September, der sich auf den ersten Blick von keinem anderen Septembertag unterschied, lenkte Ludwig seinen alten Volkswagen auf runderneuerten Reifen durch die Landeshauptstadt. Neben ihm saß Auguste, die sich seit einem Jahr nach den Vorschriften der römischen Kirche seine Frau nennen durfte. Die Mitteilung ihrer Ärztin hatte sie so glücklich gemacht, dass sie, nach dem Arztbesuch von Freude geschüttelt, fast die Treppen herunter gestürzt wäre. Das tägliche Temperaturmessen zur *„Kontrolle der Eierstocksfunktion und zum Feststellen des Eisprungs (auch Follikelsprung genannt) nach den Weisungen von Professor Dr. Gerd Döring mit einer Einführung von Professor Dr. Bickenbach"* hatte sich gelohnt. Auguste war schwanger.

Unter dem Singen des politisch unkorrekten Songs *„Ja, so a Kongoneger, der hots schee, ja, so a Kongoneger, der hots guat"* strömte die seit kurzem um ein winziges unsichtbares Exemplar vermehrte junge Familie dem Stadtrand entgegen, zu ihrer Behausung in der Frau-von-Uta-Straße, die direkt an den Flughafen grenzte, weshalb die Wäscheleine hinter dem Haus stets von einer öligen Schmutzschicht bedeckt war. Fast jedoch wären sie an diesem Tage nicht nach Hause gekommen. Denn wenige Meter vor ihrer Wohnung hatte die Polizei die Straße abgesperrt. Erst als Ludwig den Mietvertrag vorwies, den er seit einem halben Jahr völlig grundlos in seiner Brieftasche trug, durfte die Familie weiterfahren.

Zuhause angekommen erfuhren sie dank ihres extrakleinen Fernsehapparats – ein Geschenk von Ludwigs Schwester Johanna – dass bei den gerade stattfindenden Olympischen Spielen Terroristen die israelische Olympiamannschaft überfallen hatten. Die Terroristen, so hieß es, würden wahrscheinlich dem Flughafen zustreben. Die Bewohner in der Nähe sollten ihre Türen gut verschließen. Später konnte man hören, dass die Terroristen nicht den großen Flughafen, sondern den weit entfernten Militärflughafen angestrebt hatten. Kurz nach Mitternacht kam die Meldung, alles habe ein gutes Ende genommen – was, wie man andern Tags erfuhr, eine Falschmeldung war.

So ungewöhnlich, so beglückend und so schrecklich zugleich der Vortag war, die junge Familie musste wieder ihren Alltag bewältigen, was in der kleinen Wohnung, bestehend aus einer Wohnküche und einem Schlafzimmer etwas beschwerlich war. Letzeres hatten sie in ein kombiniertes Schlaf- und Studierzimmer umgewandelt. Rings um die Betten standen Regale an den Wänden, in denen sich Ludwigs Bücher befanden, bestehend vor allem aus einigen Bänden der „Historisch-politischen-Blätter", die er dem Pater Columnus, dem Bibliothekar des Klosters Erlbach, um tausend Deutsche Mark abgekauft hatte (Es war die Summe, die ihm zuvor der Probst als „Startgeld fürs Leben" gegeben hatte). An der Fensterseite rechts von den Betten stand ein kleiner Tisch und auf dem Tisch stand eine alte Schreibmaschine. Und während Auguste in der Wohnküche saß und zur Aufbesserung der mageren Finanzen Korrekturen für den Goldmannverlag las – nicht für Edgar Wallace, sondern für eine deutsche Ausgabe der Politeia des großen Plato – und nebenher das Essen bereitete, während die Frau des Hauses also all das tat, kramte Ludwig in den auf den Betten liegenden Akten, Büchern und Manuskripten und begann ihren Inhalt mit seiner Schreibmaschine zu einem Buch zusammenzufügen.

Die Arbeit erschien ihm von Minute zu Minute sinnloser, zumal sie nach Erlbach zurückführte mit all den Problemen, die auch ihn einst gequält hatten. Er schob die Manuskripte auf dem Bett zur Seite und ging in die Wohnküche.

„Spatzl, machen wir Pause".

„Gern", sagte sie und küsste ihn. Und er küsste heftig zurück, nahm sie auf den Arm und trug sie auf die Ehebetten, die sie, da schon von anderen Eheleuten gebraucht, um einen günstigen Preis erworben hatten. Inmitten der frommen Bücher an den Wänden zogen sie sich gegenseitig aus und lagen in ihrer strahlenden Nacktheit eng umschlungen da, herrlich wie am ersten Tag.

„Du hast mir gezeigt", sagte er, „wie schön es ist, Mann und Frau zu sein. Aber dass es so schön ist, hätte ich nicht gedacht."

„Du hast die schönsten Brüste, die es auf der Welt gibt", sagte er und über ihren bewaldeten Schoß gebückt, der nun fruchtbar geworden war, begann er die wunderbaren Verse aus dem Hohen Lied Salomons zu zitieren:

„Wie schön bist du und wie reizend, du meine Liebe voller Wonnen. Deine Brüste sind wie zwei Kitzlein, sind wie Trauben. Ich will zum Myrrhenberg gehen zum Weihrauchhügel. Ein Lustgarten sprosst aus Dir. – Stark wie der Tod ist die Liebe. Die Leidenschaft ist hart wie die Unterwelt. Auch mächtige Wasser können die Liebe nicht löschen, auch Ströme schwemmen sie nicht hinweg".

Und Ludwig küsste voll Leidenschaft ihren Mund, ihre Brüste, ihren Schoß, und sie wurden „ein Fleisch", wie es in der Schriftrolle geschrieben steht ... Ruhig lagen sie da.

Später ging Ludwig zur Schreibmaschine und schrieb:

> *wenn die liebe gelang,*
> *nie erwartete, nie vergessene,*
> *ist sie wie wein, wie musik*
> *und stärker als der tod.*

Lange noch saßen sie nebeneinander. Alles Dunkle, alle Ängste, alle dunklen Ahnungen waren vergessen.

Es gab nur noch zwei einsgewordene Menschen und ein neues Leben, das im Schoß seiner Mutter heranwuchs.

Dann ging Ludwig wieder zur Schreibmaschine, die Geschichte niederzuschreiben, um die ihn Propst Gerhard gebeten hatte, die merkwürdige und unglaubliche Geschichte, die von Franziskus von Waldegg und seinen Mitbrüdern erzählte.

Das wunderbare Zeichen

Franz von Waldegg konnte es nicht fassen. Sollte tatsächlich Juliane, seine Frau, durch den Mund dieses Mädchens gesprochen haben? Heimlich erkundigte er sich über sie. Sie sei ein sittsames, frommes Mädchen, hieß es, scheu und ängstlich. Als Kind habe sie sich versteckt, wenn Besuch kam.

Um mehr zu erfahren, ließ Franz von Waldegg aus der Residenzstadt die ehrwürdige Ordensfrau Maria Aquila kommen. Sie hatte in der Vorstadt Au in der Schule, von der aus man auf den nahegelegenen Berg mit seinen Häusern und Gärten emporblickt, täglich zwischen acht und neun Uhr Religionsunterricht erteilt. Da geschah es, als sie den Kindern von Jesus und seinem heiligen Namen erzählte, dass das Kind Aloysia plötzlich wie erstarrt und leblos vor ihr in der Bank saß. Sie rief das Kind an und fragte, was mit ihr geschehen sei. Doch ihre Zunge war wie gelähmt. Nur das eine Wort stammelte sie: „Jesus, Jesus, Jesus ..." So sprach die alte Lehrerin.

„Und was geschah dann?", fragte Franziskus.

„Es vergingen vier Wochen. Jetzt erst konnte sie sich ihrer Mutter mitteilen. Ihr Blick, so erzählte sie, war während der Religionsstunde zur Tür geglitten, und siehe! ein Engel stand an der Schultür, einen Kranz und einen Palmzweig in Händen. Seither kamen immer wieder selige Geister, sie zu besuchen."

Lange dachte Franziskus über die Worte der Ordensfrau nach. War das, was das Mädchen erlebte, eine Täuschung oder gar ein Trugbild des Dämons? Gehörte sie zu jenen Frauen, denen er in jungen Jahren begegnet war, die man „somnambul" nannte, traumwandelnd und krank im Geiste? Doch wie konnte sie von seinem Gebet zu Juliane wissen?

Franz von Waldegg wollte die Bestätigung der Gewissheit, die er in innerster Seele schon seit der ersten Begegnung mit der Jungfrau Aloysia hatte. Ohne den Brüdern ein Wort zu sagen, ließ er, kaum war die ehrwürdige Schwester in die Hauptstadt zurückgekehrt, die Pferde einspannen. Sein Ziel war ein altes Pfarrhaus in einem kleinen Dorf, in dem ein demütiger, heiliger Segenspfarrer lebte, von dessen Schauungen und Geistmitteilungen allüberall im Lande Baiern gesprochen wurde.

Der hagere Geistesmann, der sein Dorf fast in ein Kloster verwandelt und bewirkt hatte, dass die Bauern schon des Morgens um vier Uhr, bevor sie mit ihren Sensen aufs Feld zogen, den Gottesdienst besuchten, begrüßte den Propst von Erlbach und bat ihn, in seiner Stube Platz zu nehmen. Dem Gast bot er ein Glas mit Apfelmost an, während er selbst sich mit Wasser begnügte.

Franz von Waldegg erzählte von der Jungfrau Aloysia und von dem Schutzgeist seiner Klostergemeinde, der niemand anderer sei als seine Frau. Dann fragte er den heiligen Pfarrer um Rat. Der Segenspriester aber schwieg und es war, als schaue er in die Ferne, doch es gelinge ihm nicht mit der Anstrengung all seiner Sehkraft klar zu sehen. Dunkle Wolken türmten sich vor ihm auf, aus denen fahle Blitze zuckten.

„Lieber Bruder Franz", sagte er nach einer langen Pause, „ich rate Euch, Vorsicht walten zu lassen. Was Ihr berichtet, das habe ich nicht in den heiligen Büchern unserer Kirche gefunden. Dass die Geister Verstorbener sich zeigen und sich als Schützer der Lebenden offenbaren, ist fürwahr bei Gott nicht unmöglich, und doch deucht mir, ehrwürdiger Bruder, dass dergleichen heutzutage nicht in der Lehre unserer heiligen Kirche zu finden ist, wohl aber in den Zirkeln jener ungläubigen Phantasten, die sich Geisterseher und Rosenkreuzer nennen, und die, wie ich hörte, neuerdings aus dem fernen Land Amerika in ihren Anschauungen Bestärkung erfahren. Der Herr aber, lieber Bruder, sagt uns: Seid wachsam und lernet die Geister zu unterscheiden. Weist darum alles zurück, was euch Unruhe bereitet, denn die Unruhe ist nicht von Gott."

Franz von Waldegg verließ den heiligen Priester unruhiger als er gekommen war. Auch der Segenspfarrer, so schien ihm, sei kein wahrer Prophet. Dennoch nahm er sich vor, Vorsicht walten zu lassen, aber noch während er dies dachte, glaubte er deutlich vor seinem geistigen Auge Juliane, seine Frau, zu sehen, die zu ihm durch den Mund der jungen Seherin sprach.

Franz von Waldegg hielt vor dem Kloster zu Erlbach. Und während der dienende Bruder, der sein Kutscher war, die Pferde in die Stallungen führte, schritt er langsam und nachdenklich zur Klosterpforte.

„Gut, dass Ihr gekommen seid", empfing ihn Franz Seraphicus Hunglinger, sein Stellvertreter, dem er Zweck und Ziel seiner Reise geoffenbart hatte, nicht ohne dabei die Frömmigkeit und Rechtschaffenheit des Mädchen Aloysia gehörig ins Licht zu stellen.

„Kommt und seht selbst das Wunder, das sich an dem Mädchen ereignet hat", sprach Pater Franz Seraph. „Das Mädchen, von dem Ihr spracht, klopfte, kaum hattet Ihr das Kloster verlassen, verwirrt und untröstlich an die Pforte, um nach Euch zu fragen. Und nachdem ich dem Kinde geoffenbart, was Ihr mir unter dem Siegel des Schweigens anvertraut hattet, berichtete sie mir von einer Wunde unter ihrer linken Brust, die zu empfangen der Herr sie gewürdigt habe und die sie wie ein geheimnisvolles Siegel und eine Mahnung und Verheißung empfinde."

Franz von Waldegg war bei den Worten seines Mitbruders in höchste Erregung geraten. Was bedurfte es noch bestätigender Worte des Segenspriesters? Gott selbst hatte eingegriffen. Die Jungfrau Aloysia war ausersehen worden, die Wahrheiten der christlichen Offenbarung und unseres Heilandes Leiden nicht nur geistig zu verstehen oder mystisch zu erfahren, sondern in ihrer gesamten Existenz auch leiblich zu erleben.

Unruhig und getrieben eilte der Propst mit Pater Seraph Hunglinger zum Oratorium, dem an die Kirche angebauten Gebetsraum mit einem Fenster zur Kirche, durch das man auf den Altar blicken konnte. Da nun fanden sie die junge Seherin, das Angesicht zum Altar hingewendet. Keine Bewegung an der knieenden Gestalt war bemerkbar, außer ein leichtes in der Brust spielendes Atemholen und bisweilen ein ebenso leichtes Schlucken, manchmal auch ein kleines oszillierendes Wanken: ein Anblick, keinem andern vergleichbar, wenn nicht dem der Engel, die in Betrachtung versunken vor dem Angesicht Gottes knien. So war es kein Wunder, dass die Gestalt von ergreifendster Wirkung auf die eintretenden beiden Priester war.

Franz von Waldegg und Franz Seraph Hunglinger wagten nicht, die in Liebe zu Jesus im Sakramente versunkene Beterin anzusprechen, wie denn auch eine Stimme im Innern des Propstes mit den Worten der Schrift flüsterte: *„Wollet die Liebe nicht wecken, bis dass es selbst ihr gefällt."* So blieben denn die beiden schweigend bei der Tür zum Oratorium stehen, bis mit einem Mal die Jungfrau sich umwandte und wie aus tiefem Schlafe erwachend flüsterte: „Wo bin ich?"

„Ihr seid im Oratorium unseres Klosters", erwiderte Franz von Waldegg. Und zögernd wagte er weiterzusprechen: „Ihr habt meinem Mitbruder geoffenbart, dass der Herr ein Wunder an Euch getan hat, wie es einst meinem Namenspatron zuteil wurde, der auch der Patron meines Mitbruders Franz Seraph ist."

„Gestattet Ihr", fuhr er fort, „dass wir das an Euch gewirkte Wunder schauen dürfen?"

Da entblößte das Mädchen ihre Brüste und die Priester erblickten die Wunde, wie sie einst des Hauptmanns Longinus Lanze am Kreuz unserem Herrn und Heiland zugefügt hatte. Sie zeigte sich beinahe rund, etwas ins Ablange gezogen, drei bis vier Linien im Durchmesser, bedeckt mit einer vertrockneten Blutkruste.

Franz von Waldegg starrte wie gebannt auf die Wunde, voll Staunen darüber, dass der Herr ihn gewürdigt hatte, dieses Wunder zu sehen. Gleichzeitig jedoch überkam ihn im Blick auf die keuschen Brüste des Mädchens, wie schon lange nicht mehr, die Sehnsucht nach seiner verstorbenen Gattin, mit der er wieder vereint zu werden wünschte.

Pater Seraphicus verließ den Raum. Franz von Waldegg aber, überwältigt von der Erinnerung an seine Frau Juliane, die durch Aloysia sprach, küsste die Wunde der Beterin. Er küsste ihre Brüste. Dann ging er.

_____ Aloysia

Aloysia wälzte sich unruhig in ihrem Bett. Jetzt kamen sie wieder, die Dämonen, die sie quälten. Wenn sie in die Ecken des halbdunklen Zimmers blickte, formten sich die dort auf und ab wogenden Schatten zu Gestalten, die außer ihren verzerrten Gesichtern nur in Umrissen wahrzunehmen waren. Immer näher kamen sie der Ruhenden. Sie zog voller Angst die Decke über ihr Gesicht. Doch noch immer starrten die Gestalten sie an.

Sie wusste nicht, ob sie wach war oder träumte, sie wusste nicht einmal, ob sie selbst es war, die dalag, unbeweglich vor Angst. Sie wusste nicht, ob sie in ihrem Körper war oder außerhalb ihres Körpers. Hilflos wie ein nacktes Kind lag sie da. Doch schließlich zogen sich die wandernden Geister, die ihren Geist umschwebten, ins Dunkel zurück. Warmes Licht flutete durch die Fenster, und inmitten des Lichtes stand die strahlende Gestalt, die Gestalt Julianes.

Plötzlich war der himmlische Geist verschwunden. Aloisia sehnte den erhabenen Augenblick zurück, da er sich gezeigt hatte. Sie stand auf, ging zum Fenster, doch da war nur die schlafende Stadt, eingehüllt in die Nacht. War es ein Traum? War sie es, die ihn geträumt hatte? Langsam kehrte sie in die Wirklichkeit ihres eigenen Ichs zurück.

※

Sie dachte an die Tage, die sie mit dem jungen Grafen, dem Freund ihres verstorbenen Bruders, verbracht hatte, an die fröhlichen Tage und Wochen, da sie gemeinsam durch ihre Heimat gefahren waren. Er hatte ihr die Schönheiten der alten Städte gezeigt, und sie hatte seine Liebe gespürt. Sie hatte sich ihm hingegeben und dabei Freude und Glück empfunden. Sie hatte die Leibesfrucht, die sie von ihm empfangen hatte, in ihrem Schoß getragen. Die Angst vor ihrer Familie, vor dem Gerede und der Schande trieb sie fast in den Selbstmord. Da hatte er ihr zu einer Tat geraten, gegen die ihr ganzes Wesen sich sträubte. Zu einer Zauberin hatte er sie geführt, deren Greisenantlitz von unzählbaren Falten durchzogen war. Schrecken erregend war diese Frau. Aus geheimen Kräutern braute sie einen Trank, den sie Aloysia reichte. Bebend unter dem Eindruck des Geheimnisvollen gehorchte sie. Als die Zauberin schließlich die Scheidenden aus ihrer Hütte geleitete, beeilten sich beide, der unheimlichen Stätte zu entkommen. Aloysia gebar heimlich und lange vor der Zeit ein Kind, ein Mädchen. Es starb bald nach der Geburt. Zu einem alten Brunnen vor der Stadt ging sie des Nachts und versenkte in ihm die Frucht ihrer Sünde.

Und, obgleich sie ihre Schuld gebeichtet hatte, fand sie nicht zur Ruhe. Die Traumwelt ihrer Jugend, das Sehen der Geister kehrte zurück, doch die Geister waren dunkel und eine Stimme donnerte sie an: „Ich habe dir so viel Gnaden und himmlische Weisungen geschenkt. doch du da hast dich dem Sinnenleben verschrieben. So hilft dir kein Flehen und kein Bitten, es sei denn, du kehrst zurück auf die Kreuzesstraße, auf den schmalen und steinigen Weg, der hinaufführt zum Berge des Herrn. Auf denn, wasche rein deine Hände im Blute des Lammes!"

Sie solle fürderhin den Weg einfacher christlicher Frömmigkeit gehen, hatte ihr Beichtvater gesagt. Wie gerne hätte sie Folge geleistet, aber sie konnte diesen Weg nicht finden. Die Weisungen, die sie aus dem Jenseits erhielt, überfluteten immer mehr den Teil ihres Ichs, welcher der Tagseite des Lebens zugewandt war. Ja, es geschah, dass sie am helllichten Tag in Schlaf verfiel und schlaftrunken geheimnisvolle Worte flüsterte, von denen sie selbst in den immer seltener werdenden wachen Augenblicken ihres Lebens nichts wusste.

※

Die Wunde unter ihrer linken Brust war entstanden. Wie sie zustande kam, wusste sie nicht, auch wenn es ihrem bewussten Ich bisweilen schien, sie sei ihr im Traum von den Dämonen zugefügt worden, die sie umschwebten. Aber vielleicht hatte ja der Herr sie erhört, nachdem sie ihn gebeten hatte, ihr zur Sühne für ihre Sünden und das Lustleben der Menschheit, zumal der Priester, Leiden und Schmerzen zu schicken.

Dann war ihr die strahlende Frau erschienen, die sich als Frau des Propstes Franz von Waldegg geoffenbart hatte. Die Sorge, mit welcher sie die Patres im Kloster von Erlbach umhegten, tröstete sie, ja sie glaubte zu erkennen, dass sie zum Werkzeug in den Händen Gottes bestimmt sei, dazu erwählt, die Priester des Herrn zu leiten, hatte ihr doch ein guter Geist – es war der Geist ihres verstorbenen Bruder Benno gesagt: „Eine Löwin sollst du sein und Männer in der Kirche sollst du ermahnen."

Und weiter hatte ihr der Geist zugerufen: „Ist das Weib nicht so gut ein Geschöpf des Höchsten wie der Mann? War die Mutter des Herrn nicht auch ein Weib? Hat sie nicht mehr gelitten als je ein Mann? Ist ihr Thron nicht der höchste? Aus Männerherzen und Männergeist in der Kirche kommt verrückter Sinn und schwächliches Jammern. Der Herr aber teilt jetzt die Schwerter an die Frauen aus, stärker sind sie als Männer, Priesterinnen sind sie, auch wenn ihre Hand nicht geweiht ist. Du aber vernichte die Throne der Toren!"

_____ Das Archiv

Propst Karl Settler, der 52. Propst von Erlbach, geleitete Ludwig durch die verwinkelten Gänge des Klosters, zu dem die Jahrhunderte immer wieder neue Seiten- und Zwischentrakte hinzugefügt hatten. Von den Wänden blickten noch immer wie einst, als er selbst in diesen Gemäuern wohnte, die ernsten Gesichter der Pröpste vergangener Zeiten, zu denen sich jetzt, wie er feststellte, zwei Männer gesellten, die er selbst noch gekannt hatte: Propst Simon, der Schreckliche und Propst Gerardus, der Gütige. Zu ihnen fügte sich die mächtige Gestalt eines aus dem Kloster hervorgegangen römischen Kardinals, an dem sich die Geister seiner jetzigen Mitbrüder schieden. Erstarben die einen – es waren vornehmlich die Dogmatiker – bei seinem Anblick vor Ehrfurcht, nannten ihn die anderen – zumal die Exegeten – einen „furchtbaren Kerl".

Der Weg führte durch die Gänge, treppauf- und treppab; an einer Stelle befand sich sogar ein hölzerner Aufzug in einem Eisenkäfig aus den Anfängen des Aufzugsbaus. Ludwig kam an dem Zimmer vorbei, in dem der inzwischen im Geruch der Heiligkeit verstorbene

Pater Johannes gewohnt hatte. Noch immer konnte man an der Tür seinen Namen lesen. Und mit dem Namen des seligen Johannes kehrte die Klostervergangenheit in Ludwigs Erinnerung zurück, und wieder hörte er die Frage: Wozu bist du gekommen? Ja, wozu, sagte er zu sich selbst, bist du in die Welt gekommen? Wozu hast du bisher gelebt und warum hast du so und nicht anders gelebt? Hat sich dein Leben mit all seinen Höhen und Tiefen und all seinen Brüchen zu Einheit gefügt?

Plötzlich hielt er inne. „Geht dort nicht", fragte er den ihn begleitenden Propst, „geht da nicht Pater Bernardus?" Doch schon kam die große, hagere Gestalt des weltbekannten Gelehrten, der an Universitäten in Deutschland, Italien und den Vereinigten Staaten doziert hatte und dessen Werke in mehr als zwanzig Sprachen übersetzt worden waren, auf den Propst und seinen Besucher zu. Ludwig war erstaunt, als er ihn erblickte. Das Leben hatte Bernardus verändert. Der strenge, rigoristische Asket war zu einem gütigen Menschen geworden. Die scharfen Gesichtszüge früherer Jahre hatten sich in runde gutmütige Formen verwandelt. Sein Blick strahlte Verständnis aus.

Bernardus ging auf Ludwig zu und schüttelte ihm die Hand. „Wie geht's Dir und was macht Dein Sohn?" Ludwig antwortete auf seine vielen Fragen. Schließlich fragte Bernardus:

„Was machen Deine wissenschaftlichen Arbeiten?"

„Sie gehen mehr schlecht als recht. Es ist nicht so leicht einen Verlag zu finden", sagte Ludwig.

„Die meinen gehen gut. Erst wieder wurden einige Bücher übersetzt, und", so fügte er schmunzelnd hinzu, „ich habe damit gut verdient ..., nicht für mich, aber doch für mein Kloster."

Dann unterbrach er sich plötzlich. „Ich bin ganz optimistisch", sagte er und fügte hinzu: „Das römische System bricht bald zusammen."

Bernardus merkte, dass Ludwig ihn ungläubig anblickte. „Nicht die Kirche, weißt du!" „Nicht die Kirche", wiederholte er, „das System. Die Gegensätze zwischen den Autokraten oben und dem armen Kirchenvolk unten werden immer größer. Darum bricht das System zusammen". Da war sie also immer noch, die Lehre vom Kladderadatsch, die Ludwig bei Bernardus, der auch ein guter Kenner des Marxismus war, vor Jahren in seinen Soziologie-Vorlesungen gehört hatte.

Pater Bernardus entfernte sich mit guten Wünschen. „Bleib der Kirche treu, nicht dem System!", sagte er beim Weitergehen. Ludwig sollte ihn nicht mehr sehen. Bernardus starb wenig später.

Propst Karl und Ludwig setzten ihren Weg fort. In einer der großen Nischen vor einem Fenster stand eine kleine rundliche Gestalt. Es war Bruder Sturmius, der einst zusammen mit Ludwig am Klostergymnasium gelehrt hatte, ein frommer Mann, der Musik und Turnen unterrichtete.

„Er wartet auf dich", flüsterte Propst Karl. „Geh zu ihm, in zehn Minuten treffen wir uns wieder hier."

Propst Karl ging und Pater Sturmius begrüßte Ludwig mit überbordender Herzlichkeit. Dann zerrte er ihn in ein Zimmer, voll von Heiligenbildern und Statuen, in dem ein Altar an der Wand stand.

„Das ist meine Kirche", sagte Pater Sturmius, „der Propst hat mir das Predigen in der Kirche verboten und es ist ihm am liebsten, wenn ich mich überhaupt nicht beim Gottesdienst in der Kirche sehen lasse. Ich bin geächtet!"

„Aber warum?", fragte Ludwig.

„Weil ich zur einzig wahren Kirche gehöre, die nicht die römische ist. Die römische Kirche ist auf dem Konzil von der Lehre Jesu abgefallen. Ich folge dem Bischof Marcel Lefebvre. Mein Predigtstuhl ist jetzt das Fotokopiergerät."

Hierauf ging Pater Sturmius zu einem Schrank und nahm einige Blätter heraus. Auf dem ersten Blatt stand: „Die 24 schweren Glaubensirrtümer der Progressistischen Kirche, die einst katholisch war." Zu diesen Irrtümern, so konnte Ludwig auf den folgenden Seiten lesen, gehöre die Behauptung, Jesus sei nicht der Sohn Gottes, sondern ein „sozialer Revolutionär". Aber genau so falsch sei die Aussage: die biblischen Berichte über Adam und Eva seien Mythen. Wegen solcher Ansichten hätten die meisten Teilnehmer des Zweiten Vatikanischen Konzils als exkommuniziert zu gelten. Überhaupt sei die römische Kirche schon lange nicht mehr die Kirche Christi. Papst Paul VI. sei Freimaurer gewesen, die beiden „Gegenpäpste" Johannes

Paul I. und Johannes Paul II. seien „Häretiker und Zerstörer des Glaubens und der Kirche". Durch sie herrsche Satan in der römischen Kirche.

Sturmius überreichte Ludwig ein weiteres Schriftstück, in dem „*Gesprochene Worte des heiligen Erzengel Raphael an einen Seher in Holland*" zu lesen waren. Ludwig überflog den Text. „Das, was ich zur Zeit studiere, all das, was die Seherin Aloysia geschaut hat", dachte er, „ist also noch lange nicht ausgestorben."

Schließlich reichte Sturmius dem verblüfft Dastehenden eine Schrift mit dem Titel „*Existenz der Hölle nachgewiesen*". Geologen hätten in Sibirien ein Loch von 14,4 Kilometer Tiefe in die Erde gebohrt. Aus dem hohlen Erdinnern, wo eine Temperatur von 1100 Grad Celsius herrsche, seien die Stimmen vor Schmerzen schreiender Menschen zu hören gewesen.

Es klopfte. Vor der Tür stand Propst Karl. „Wir müssen weiter", sagte er. Ludwig verabschiedete sich von Pater Sturmius. Der Pater muss wahnsinnig geworden sein, dachte er.

„Wir müssen weiter. Ich habe einen Termin", sagte der Propst. Aber da stand doch in einer Ecke ein Mönch, der die Kapuze tief über sein Gesicht gezogen hatte. Dennoch erkannte ihn Ludwig. Ja, gewiss, es war der „Meister", der ihn einst ins klösterliche Leben eingeführt hatte.

„Wo kommst du her?", fragte er Ludwig mit zitternder Stimme.

„Aus München", antwortete der. „Vorher war ich einige Wochen in Polen."

„Und?", fragte der Meister, „was macht ihr, wenn die Russen jetzt zu euch nach Polen kommen?" „Sie sind schon ganz in der Nähe", fügte er hinzu. Und nach einer Weile: „Vergiss nicht das Umspuren!"

Ludwig wollte antworten. Doch ohne sich zu verabschieden, wankte der Meister weiter.

❧❦

Ludwig und der Propst waren inzwischen an der Türe zur Klosterbibliothek angekommen. Sie durchquerten den Saal, in dem sich Inkunabeln und in Pergament gebundene alte Schriften, darunter Erstausgaben der Werke Melanchthons, befanden. Der hohe Raum war an den Wänden bis an die Decke mit Büchern gefüllt. In drei Metern Höhe befand sich ein aus Holz gefertigter Umgang, zu dem eine hölzerne Wendeltreppe hinaufführte. Ähnlich war es im zweiten Raum, wo die Bücher berühmter Autoren versammelt waren: Friedrich Nietzsche, Martin Heidegger, Karl Rahner ...

Propst Karl schloss eine Tür auf, sie führte zu einem engen Gang, an dessen Ende sich zwei Zimmer befanden. In einem saß der Archivar des Klosters, im anderen sein Mitarbeiter und Stellvertreter. Auf ihren Tischen standen keine Tintenfässer mit großen Gänsefedern, wie man es bei dem uralten Inventar der Räume hätte vermuten können, sondern moderne Computer. Propst Karl stellte Ludwig den Archivaren vor und erklärte ihnen, dass er die Akten einsehen wolle, die von Propst Franz von Waldegg und der Seherin Aloysia handeln.

Der Archivar öffnete die Tür zum Archivraum. „Ich bin leider etwas in Eile. Doch da hinten unter dem Buchstaben ‚W' finden Sie das Gesuchte", sagte er. „Schauen Sie ruhig selbst nach und sagen Sie mir, was Sie brauchen! Ich lasse es dann in den Besucherraum bringen."

„Ich bin nebenan", sagte er noch und verließ den Raum. Auch Propst Karl verabschiedete sich. Ludwig stand allein in dem großen Archiv, das ähnlich aufgebaut war wie die Bibliotheksräume, denn auch hier standen an den Wänden meterhohe Regale, auch hier gab es eine Wendeltreppe, die zu einem Geländer in der Höhe führte. Aber auch der Raum zwischen den Wänden war mit einer Reihe von Regalen ausgestattet, in denen in dicken, durch breite Bänder zusammengehaltenen Konvoluten die Akten ruhten, in denen die bewegte Geschichte des Klosters und seiner Bewohner gesammelt war.

Mit Ehrfurcht blickte Ludwig zu den Dokumenten, die ihn umgaben. „Jahrhunderte schauen auf mich herunter", dachte er. „Was die ehrwürdigen Mönche, deren Schriften hier bewahrt werden, wohl zu unserer Zeit sagen würden, wenn sie wieder zum Leben erstünden?"

Ludwig griff die Akten zu einem der berühmtesten Prediger des Ordens aus dem 17. Jahrhundert l zu Pater Mercurius, und schlug einen beliebigen Predigttext auf. Mühsam entzifferte er die Schrift und las:

"Wenn denn GOTT in der Jungfrauschaft so großes Gefallen über alle anderen Stände hat, warum sollen sich nicht auch die Jungfrauen befleißen, ihm über alles zu gefallen? Ein Schneck, wenn er angerühret wird, so ziehet er sich in sein Häuslein. Die Hühner, wenn sie den Hennendieb sehen, so laufen sie in die Winkel. Was aber zu thun gedenket eine unverheiratete Jungfer? Vor wenig Jahren suchten die junge Knaben die Jungfrauen zu haben; aber jetzunder, verkehrtes Wunder, die Jungfrauen laufen und schnaufen, bis sie haben die junge Knaben."

Ludwig stieg auf der engen Wendeltreppe zu dem Aktenpaket empor, in dem die Geschichte von der wunderbaren himmlischen Führung des Paters Franz von Waldegg durch die Jungfrau Aloysia verborgen war, und überlegte, was Pater Mercurius wohl über ihr Jagen auf hübsche Knaben, auch wenn sie den Mönchshabit trugen, gesagt hätte. Und während er die in altertümlichen, verschnörkelten Buchstaben geschriebenen Namen verstorbener Mönche an den Regalen las, musste er an die Begegnung mit seinem „Meister" und an den verstorbenen Pater Johannes denken. Ludwig fragte sich: Wozu waren sie gekommen, die Mönche, deren Gebeine in der Klostergruft vermoderten: Pater Athanasius, P. Franz von Waldegg, Pater Johannes? Sie waren gekommen, wie Mercurius sagte: „Um Gott über alles zu gefallen"? Und Ludwig erinnerte sich an die erste Frage im Schulkatechismus, die er vor vielen Jahren im Religionsunterricht seines alten Pfarrers gehört hatte und die da lautete: „Wozu sind wir auf Erden?" Und die Antwort lautete: „Um den Willen Gottes zu tun." Aber was war der Wille Gottes?

Ludwig nahm einen Bund alter Aufzeichnungen aus dem Regal, stieg mit ihm die Wendeltreppe hinunter und begab sich in den Arbeitsraum des Archivs. Er schlug die vor ihm liegenden Akten auf und las die Überschrift: *„Aufzeichnungen des hochwürdigen Propstes Carolus Buhler über die himmlische Führung des gottgesegneten Klosters zu Erlbach durch die heiligmäßige Jungfrau Aloysia Berger."*

Ludwig blätterte und las, was der selige Carolus vor mehr als hundert Jahren geschrieben hatte: *„Wie glücklich sind wir doch, immer genau zu wissen, was der Wille Gottes ist, denn unfehlbar tut uns Gott durch den Mund der Jungfrau Aloysia kund, was Gott wohlgefällig ist!"*

Die Verwirrungen des Pater Josaphat

Propst Franz von Waldegg war nach dem Besuch bei der Seherin im Oratorium des Klosters in seine Zelle zurückgekehrt. Er wusste, dass er sein im Noviziat geschworenes Versprechen gebrochen hatte. Die Liebe zu seiner verstorbenen Frau hatte ihn geblendet. Auch wenn die Jungfrau Aloysia ihn nicht von sich gewiesen hatte, glaubte er dennoch zu verspüren, dass es nicht gut sei, wenn er Juliane jetzt so nahe kam wie in ihrer Erdenzeit. Er spürte, dass die alte Zerrissenheit sich seiner bemächtigen und die Unruhe seiner Jugend wieder über ihn kommen würde.

Franz von Waldegg beschloss daher, die Seelenführung der Jungfrau Aloysia an einen Mitbruder weiterzugeben. Doch sein Stellvertreter Pater Seraphicus Hunglinger schien ihm zu wenig gebildet in der mystischen Wissenschaft, schlimmer noch, er schien von einem aufklärerischen kritischen Geist angefressen, der auch in seinen theologischen Werken spürbar war; der auf dem Gebiet der Mystik erfahrene Pater Carolus Buhler aber, der nur deswegen in das Kloster zu Erlbach eingetreten war, um der Seherin nahe zu sein, erschien ihm zu stürmisch, ja fanatisch und gewalttätig.

Franz von Waldegg entschied sich für den sanften, stets lächelnden jugendlichen Pater Josaphat Scheffler, der seine Aufgaben als theologischer Lehrer der Ordensstudenten und als Meister der Novizen mit Hingabe und heiligem Eifer versah.

So übernahm Josaphat die Leitung der Aloysia Berger, und jeder, der ihn näher kannte, musste in ihm den rechten Mann für diese Aufgabe erblicken, war er doch schon vor seinem Eintritt ins Kloster als Freund und Schüler des berühmten einbeinigen bayerischen Landpfarrers, den sie den „Stelzenmichel" nannten, in die Geheimnisse der Mystik eingeführt worden. Beim Stelzenmichel hatte er gelernt, dass all unser Werken und all unser Mühen nichts ist und dass Gottes Gnade alles ist. So war er den Weg von der Reinigung zur Einigung gegangen. Es war der Stelzenmichel, der ihm die Weisung gegeben hatte, es genüge, sich ganz in die Hände Gottes fallen zu lassen. Auch hatte er ihm einen Leitvers fürs Leben aufgeschrieben:

> *„Ein Fünklein ist in Dir:*
> *Das flimmert auf, so oft dir Gott einfällt*
> *Dein Herz und Sinn an Gott sich hält;*
> *So oft Du froh darüber bist,*
> *Dass Du sein Kind, und Er – Dein Vater ist."*

Von solchen Weisungen beseelt kümmerte sich Pater Josaphat also um die Seherin, bemüht, sie auf dem Weg der Gnade weiterzuführen.

Doch seine Aufgabe als geistlicher Leiter der Begnadeten sollte sich anders gestalten als er es sich vorgestellt hatte, auch wenn er sich von Anfang an mit großem Eifer der Seherin widmete und ihr eifrig Briefe schrieb. Diese waren zum einen an die jenseitige Juliane von Waldegg gerichtet, die geoffenbart hatte, dass sie mit ihren mütterlichen Armen das Kloster und alle darin Wohnenden liebend umfange, weshalb sie von den Eingeweihten „die Mutter" genannt wurde; zum andern an deren Medium Aloysia, die von ihren Anhängern als „das Kind" verehrt wurde. Sie war es, die, wie erzählt wurde, dem seligen Geist bei Nacht die an ihn gerichteten Briefe, ohne sie zu öffnen, übermittelte, worauf dieser Geist „wie ein elektrischer Funke" in ihren Arm fuhr und sie befähigte, im Lichte der von ihm ausgehenden Strahlen seine Antworten niederzuschreiben.

So schrieb denn Pater Josaphat an die verstorbene Juliane: „*Ich möchte dich recht, recht lieb haben und mich ganz innig an dich anschmiegen, wie ein Kind an seine Mutter. Durch innigste und heiligste Verbindung mit Aloysia will ich dir und dem Heiland Freude machen, und da du mir geboten hast, meinen Verstand, mein Urteil, meinen Willen zu opfern, will ich dies gerne tun.*"

Allein, die Antworten des Geistes waren schroff und unbarmherzig. Voll Zorn schrieb ihm Juliane, die während ihres Erdenwallens die Güte selbst war: „*Sie haben einen furchtbaren Stolz, und dieser lässt nicht zu, dass Sie wahrhaft gehorchen, sich abtöten und nach der Ordensregel leben. Sie gehorchen nur sich selbst. Deshalb sind Sie geistig tot.*"

Josephat antwortete: *"Ich verspreche mich zu bessern. Du hast ja recht: ich bin voll von Hochmut und Eigensinn, voll von Starrsinn und Selbstverblendung. Fürwahr, roh bin ich an Herz und Geist."*

Ganz anders lauteten die Briefe Josaphats, die er an das Medium des seligen Geistes richtete. An Aloysia schrieb er:

"Herzallerliebstes Kindelein, mein armes im Schmerzensmeere versenktes liebes, liebes Kind! Du bist ja ganz das Eigentum Gottes und der Mutter Gottes, und ganz ein Wunderwerk und Geheimnis der göttlichen Barmherzigkeit!"

❖❖

Schweißgebadet wachte Aloysia auf. In ihrem blütenweißen Nachthemd wankte sie schlaftrunken und von unendlicher Traurigkeit niedergedrückt zu dem kleinen Tischchen, auf dem ihre Waschschüssel aus goldverziertem Porzellan stand. Sie erschrak, als sie neben der Schüssel und neben einigen an die „Mutter" gerichteten Briefen andere Briefe, geschlossen und versiegelt, liegen sah. Die Namen der Empfänger, so stellte sie fest, waren in ihrer eigenen Handschrift geschrieben. Sie konnten sich nicht erinnern, wann je sie diese Briefe in Händen gehalten hatte. Die „Mutter" musste sie geschrieben haben, während sie schlief. Fast so etwas wie Verzweiflung und Hass auf die „Mutter" stieg in ihr auf. Sie fühlte, dass die „Mutter" mit ihr unzufrieden war, mit ihr, mit den Mönchen im nahen Kloster, mit der ganzen Welt. Und es kam ihr der

Gedanke: Wäre ich doch von dieser schrecklichen Mutter befreit! Sie wollte endlich sie selber sein, wollte ein fröhlicher Mensch sein wie die anderen Mädchen im Dorf, nicht verlacht als somnambule, „hysterische" Frau, nicht zerrissen und gequält von Gestalten, die aus einer anderen Welt kamen.

Sie benetzte ihr Gesicht mit dem Wasser aus der Waschschüssel und dachte dabei voll Sehnsucht an Clemens, ihren jungen Freund, den Lutheraner, den Grafen, der sie liebte, bei dem sie geborgen war, der sie geschwängert hatte. Sie dachte an das Kind, das sie vor wenigen Wochen noch im Schoß getragen hatte, das sie verloren hatte durch ihre Schuld, durch ihre Schuld, durch ihre große Schuld. Ach, wäre sie doch weit, weit weg! Weg von allem, weg von der Welt!

Ihr Blick fiel auf einen Brief, der abseits von den anderen lag. Pater Josaphat hatte ihn geschrieben. Aloysia nahm ihn zur Hand und setzte sich auf einen Stuhl am Fenster, durch das die Strahlen der aufgehenden Sonne fielen. Sie las:

„Meine allerliebste Märtyrerin, mein Schmerzenskind, oh armes Schlachtopfer! Weit entfernt, dass ich Dich wegen der an Deinem unschuldigen Leibe verübten Schandtat weniger lieben sollte, bist du mir dadurch nur umso lieber. Gerne möchte ich dich in solchem Grade lieben, dass ich dadurch alle Dir zugefügten Gräuel wieder gutmachen kann.
Der Brief von Clemens, den du mir geschickt hast, hat mir viel zu denken gegeben. Ich weiß zwar nicht, was ich für diesen guten Menschen tun kann. Aber er kann

nicht zugrunde gehen. Ich habe herzliches Mitleid mit ihm. Und wenn ich von Dir höre, dass Du ihn liebst, ja dich opfern mögest für ihn – wenn du dies thust mit innerer Freyheit, um Gottes Willen, so thut es mir so wohl, und ich freue mich von Herzen. Aber wenn ich merke, dass du unfrey, aus Leidenschaft an ihm hängst, nach ihm jammerst, ihn zu dir her wünschest ... Was ich da empfinde, kann ich nicht ausdrücken!"

Noch immer im Nachthemd, stellte sich Aloysia an ihr Schreibpult, und nahm einen Briefbogen aus einer Mappe und nahm eine lange, frisch zugeschnittene Gänsefeder in die Hand und schrieb:

„Ehrwürdigster, geliebtester Vater Josaphat!"

Sie nahm den Federkiel aus der Hand und tauchte ihn in das Tintenfass, doch ehe sie weiterschrieb, legte sie ihr Nachthemd ab und ging zum großen Wandspiegel in ihrem Schlafzimmer. Lange betrachtete sie sich und stellte fest, dass sie schön und begehrenswert sei. Dann ging sie zum Schreibpult zurück und schrieb:

„Aus tiefstem Herzen, ehrwürdiger Vater, danke ich Euch für Euren mitfühlenden Brief. Ach, wenn Ihr doch immer bei mir wäret, wie sehr wären mein Leid und meine Not gelindert! Denn Dunkel und Einsamkeit lastet auf mir. Aber wenn Ihr auch nicht bei mir sein könnt, versprecht mir, von Morgens ½ 5 Uhr bis Abends ½ 10 Uhr an die arme Aloysia zu denken! Es grüßt Euch aus einem liebenden Herzen, auf dem ein Zentnerstein ruht, mit tiefstem Dank und ehrfürchtigem Handkuss, Euer armes Kind Aloysia."

Aloysia blies Löschsand über die Schrift und wartete bis sie getrocknet war. Dann steckte sie das Blatt in einen Umschlag, den sie an Pater Josaphat adressierte. Dann kleidete sie sich an.

※※

Pater Josaphat hatte den ihm ergebenen Klostergärtner, Bruder Gerardus Kerschl, mit einem Blumenstrauß zu Aloysia geschickt. Jetzt kehrte er mit zwei Briefen zurück. Schon an der Art der Schrift erkannte er, wer die Absender waren. Es waren die „Mutter" und das „Kind". Die Adresse auf dem Brief der „Mutter" war in großen, weit auseinander gezogenen Buchstaben, wie in großer Eile und Erregung, auf das Papier geworfen, während die Lettern auf dem Brief des „Kindes" sich ängstlich aneinander drängten. Josaphat öffnete den Brief des seligen Geistes und las:

„Aloysia leidet Qualen furchtbarer Art. Ihr Freund Clemens kommt zu ihr mit einem Jüngling, der dem preußischen Freimaurerorden angehört. Solche Menschen aber sind schlimmer als der Teufel. Das ganze Betragen dieses Menschen ist so, dass nicht einmal ich ihr helfen kann. Er wird das Kind furchtbar misshandeln. Wenn Sie sich in dieser Zeit um den Liebling Mariens besonders annehmen und sie trösten, so wird Ihnen dies gewiss viel Segen bringen. Oh, mein Sohn, Sie allein wissen alles über dieses Kind!!"

Pater Josaphat legte den Brief des Schutzgeistes zur Seite und las den flehentlichen Hilferuf des Kindes. Dann schrieb er:

"Mein liebes, liebes Kind! Von Herzen gern komme ich und bleibe bei dir, so lange es nötig ist, um dir zu helfen, auf alle mögliche Weise, wenn es die Mutter für gut findet. Ich bleibe bei Dir den Tag über und auch in der Nacht."

Pater Josaphat legte die Feder weg und ging in höchster Erregung im Zimmer auf und ab. Er fuhr sich mit den Händen über die Haare und begann erneut zu schreiben:

"Was mich betrifft, so geht dein ‚von ½ 5 Uhr bis ½ 10 Uhr an Aloysia denken' in Erfüllung. Ich habe dich gestern fortfahren sehen, und mir ging den ganzen Tag etwas ab. Und dann des Nachts träumte ich von dir. Es schien mir, ich sey krank, gefährlich krank, mein liebes Kind sei bei mir, um mich so liebevoll bekümmert und besorgt – und als ich erwachte, war sie nicht bei mir.

Liebes Kind, hab mich recht lieb! Darf ich heute zu dir kommen???"

Josephat malte fünfzehn Fragezeichen auf das Blatt, bevor er es schließlich in einen Umschlag steckte.

Es klopfte an der Zimmertür. Draußen stand der Gärtner Gerardus. „Ehrwürdiger Pater, sie haben mich bestellt."

„Bring diesen Brief der Aloysia ins Apothekerhaus!", sagte Josaphat. Der Gärtner nahm den Brief und ging.

Wenig später schon kam er zurück, einen Antwortbrief in Händen. Josaphat bedankte sich, schloss die Tür hinter dem Gärtner und erbrach hastig das Siegel. Der Brief, der nach Rosen duftete, enthielt ein Billet. Darauf stand: *„Komm bitte heute Abend zu mir! In Liebe, Aloisia."*

❦

Es war schon dunkel, als Pater Josaphat die Klosterpforte hinter sich zusperrte und auf den weiten Platz vor dem Kloster hinaustrat. Schnellen Schrittes strebte er dem nahen Apothekerhaus zu. Die wenigen Menschen, die ihm begegneten und ihn ehrfürchtig grüßten, glaubten wohl, dass er auf dem Weg zu einem Kranken sei; denn es kam nicht selten vor, dass selbst nach Einbruch der Nacht Priester aus dem Kloster den schwererkrankten Mitbürgern die heilige Wegzehrung, das hochheilige Gut, brachten. Allerdings war es im Ort nicht verborgen geblieben, dass nicht selten Blumensträuße aus dem Kloster in die Apotheke getragen wurden, und einige als Betschwestern und Kanzelwanzen verschriene Frauen hatten sogar dem Bischof geschrieben. Da gehe etwas vor, schrieben sie, zwischen dem Kloster und der Jungfrau Aloysia Berger. Doch ihre Stimmen waren bald wieder verstummt. „Sie sollen vor ihren eigenen Türen kehren!", sagten die Leute. Und was den Pater Josaphat, den gütigen, frommen Priester, betraf, hätten die guten Erlbacher für ihn die Hand ins Feuer gelegt. „Er ist ein Heiliger", sagten sie.

Im Apothekerhaus wurde Josaphat schon erwartet. Der alte, vom nahenden Tod gezeichnete Apotheker öffnete die Tür. „Gut, dass Sie kommen", sagte er. „Es wird immer schlimmer mit der Krankheit meiner Tochter. Ich bin selbst Arzt, aber meine Kunst ist zu Ende. Die nervösen Störungen, unter denen sie leidet, nehmen ständig zu. Dazu die Krämpfe, die Konvulsionen ..."

Der Apotheker führte den Priester zum Zimmer seiner Tochter, die schwer atmend im Bett lag. Josaphat trat ein und schloss die Tür hinter sich. Doch ehe er es sich versah, stürmte die Kranke aus dem Bett und umarmte den Eintretenden mit Heftigkeit, indem sie rief: „Hilf mir! Ich habe Angst". „Angst, Angst, Angst!", stammelte sie.

Josaphat führte sie behutsam zu ihrem Bett zurück. Doch die Kranke – die Schmerzensreiche, die Leidende, kam nicht zur Ruhe.

„Hilf mir!", stöhnte sie und umklammerte Josaphat, der sich zu ihr auf das Bett gesetzt hatte.

All das, was dann geschah, war so verworren und so unfassbar, und für Josaphat unvorhersehbar, dass dieser sich später nur noch schemenhaft daran zu erinnern vermochte. Die Erregung der vor ihm Liegenden übertrug sich auf ihn. Es schien ihm, er sei trunken, seiner Sinne nicht mehr mächtig. Die Gedanken in seinem Hirn jagten sich, sein Herz hämmerte, eine Stimme in ihm aber – war es die Stimme seines längst verstorbenen Vaters? – rief: Bleib ruhig! Doch die Stimme verhallte ins Leere. Er wusste selbst nicht, wie ihm geschah: immer mehr sank er hin.

„Die Mutter will es", hörte er Aloysia flüstern. Aber

war es wirklich die „Mutter" oder war es der Dämon, der zu ihm sprach? Doch erneut hörte er eine Stimme, eine Stimme aus der Vergangenheit, aus der Zeit, da er beim Stelzenmichel, dem großen Mystiker, gelebt, hatte. Eine Stallmagd, von Gott begnadet, berufen „als geistliche Gebärmutter" geistige Neugeburt, Erweckung zu neuem göttlichem Leben, zu bewirken, war ihm damals begegnet. Juliane hieß sie, genau so wie die jenseitige „Mutter": Juliane Randl. „Wenn ihr innig mit Christus verbunden seid", hatte sie gesagt, „dürft ihr, Männer und Frauen, eng zusammen liegen und euch wärmen, denn wie sagt der Prediger in der Heiligen Schrift: Wenn einer allein liegt, macht er sich nicht warm, aber wenn zwei zusammen liegen, macht einer den anderen warm."

Josaphat hatte seine Kutte und all seine Kleider abgestreift. Eng umschlungen lagen sie nackt da und Josephat glaubte im Geiste eine himmlische Stimme zu vernehmen, die die wunderbaren Worte des Hohen Liedes rezitierte:

„Schön bist du, meine Freundin,
Rote Bänder sind deine Lippen, lieblich ist Dein Mund.
Deine Brüste sind wie zwei Kitzlein, wie die Zwillinge einer Gazelle.
Alles an dir ist schön, meine Freundin!
Ein Lustgarten sprosst aus Dir.
Der Tag verweht und die Schatten wachsen.
Ich will zum Myrrhenberg gehen, zum Weihrauchhügel ..."

Es war spät in der Nacht, als Josaphat ins Kloster zurückkehrte.

Pater Josaphat im Kerker der Inquisition

„Es darf nicht, es kann nicht sein, dass wir getäuscht worden sind! Das kann Gott nicht zulassen", sprach Propst Franz von Waldegg. Anders sein Schwager, der gelehrte Pater Rudolf von Kucera, der in seiner ersten Erregung rief: „Die Mutter ist der Teufel", um nach weiterer Überlegung jedoch festzustellen: „Nichts als Traumwandlerei hysterischer Weiber!"

Doch dann kam die Stunde des „mystischen Theologen" Carolus Buhler. Hatte er sich zunächst wie ein Wahnsinniger gebärdet, so fand er schon nach wenigen Stunden in der Heiligen Schrift die Antwort auf seine quälenden Fragen. Denn in der Schriftrolle stand geschrieben, der Herr habe seinem Volk, da es auf sein Geheiß aus Ägypten auszog, durch Mose den Auftrag erteilt: „Holt euch von den Ägyptern silbernes und goldenes Geschmeide und nehmt es als Beute mit euch!" Und wiederum sprach der Herr zu Hosea: „Geh hin und nimm Dir ein Hurenweib!" Und der Prophet folgte der Aufforderung des Herrn, obwohl er damit die Ehe brach.

Beide Male verlangte Gott von den Menschen, was er auf der zweiten Gesetzestafel verboten hatte. Gottes Gebot, überlegte Carolus Buhler, stand also in einer wichtigen Sache über dem Naturgesetz. So lehrte es die Heilige Schrift. Doch wie stand es mit der Tradition, der zweiten Säule des katholischen Glaubens? Carolus ging in die Bibliothek und kramte in den Schriften der alten Theologen. Da fand er nun bei Gottesgelehrten des Mittelalters die Lehre, dass Gott der Herr kraft seiner absoluten Autorität über allen Naturordnungen stehe, auch über den Gesetzen der zweiten Tafel, die er am Berge Sinai dem Mose überreicht hatte. Ausschlaggebend sei nicht die *„materia"*, nicht die Tat, sondern die *„intentio"*, das höhere Ziel.

So hatte denn Gott der Herr in seinem unergründlichen Ratschluss Pater Josaphat dazu erwählt, sich zu der begnadeten Aloysia zu legen, und damit – der Mystikfachmann Carolus hatte die Lösung gefunden – Buße zu tun für das „Lustleben der Menschheit", insbesondere für die fleischlichen Verfehlungen der Priester. Ja, es war eine Gnade, eine unerhörte Auszeichnung, deren Josaphat (und leider nicht Carolus) gewürdigt worden war. Und wie die Führung durch die verstorbene Gattin des Herrn von Waldegg ein wunderbares Geheimnis darstellte, so war die leibliche Vereinigung der Jungfrau Aloysia mit dem Priester Josaphat ein noch wunderbareres Geheimnis, es war das *„furchtbare und doch so selige Geheimnis im Geheimnis"*.

So gelang es Pater Carolus, die Zweifelnden und fast Verzweifelnden, die sich der Führung aus dem Jenseits ergeben hatten, zum Glauben an das unerhörte, unbegreifliche Geheimnis zu führen, das ihrem Mitbruder Josaphat zuteil geworden war.

Nur einer ließ sich nicht überzeugen. Und es war ausgerechnet der Erwählte. Es war Josaphat, gequält von seinem Gewissen, mehr gequält von seinen Mitbrüdern. Nachdem er ihnen nicht gelungen war, ihn durch freundliche Worte umzustimmen, erfanden sie immer neue Beschuldigungen wider ihn. Eine heilige, von Gott erwählte Jungfrau habe er verleumdet, die Gnade, die ihm durch sie vom Himmel geschenkt wurde, habe er eine Sünde genannt.

Da er jedoch, wie sie sagten, in seiner Halsstarrigkeit verharrte, gingen sie unter Führung des „Mystagogen des Satans" Pater Carolus Buhler dazu über ihn zu zermürben. Er musste sich bedingungslos der „Seelenführung" Buhlers unterwerfen, der immer wieder neue schriftliche Selbstanklagen von ihm verlangte.

※※

Jetzt hatten sie ihm auch noch die Bücher weggenommen. Ein Tisch, ein Stuhl, ein hartes Bett, war alles, was ihm geblieben war. Josaphat starrte aus dem Fenster, hinaus in den Klostergarten, in das Grün der Bäume, in die Freiheit. Er lauschte dem Zwitschern der Vögel, fühlte, wie die milde Frühlingluft seine Hände und sein Gesicht streichelte. Er atmete tief durch. Dann begann er zu schluchzen wie ein kleines Kind.

Es würde nicht mehr lange dauern und sie würden wieder kommen und ihn vor seine ungerechten Richter schleppen. Und jene Frau würde dabei sein. War sie wirklich die gleiche, die er einst geliebt hatte, die sich zitternd an ihn geklammert hatte? Konnte enttäuschte Liebe so sehr zu teuflischem Hass werden?

Wieder lief all das Schreckliche der letzten Jahre vor seinem geistigen Auge ab. Die Vereinigung mit der Frau, die er so sehr liebte, die entsetzlichen Gewissensbisse, die ihn plagten, die Versicherung Aloysias, es sei durch „das Dazwischentreten der Mutter" zu keiner Sünde gekommen. Dann seine Beichte bei dem Segenspriester, der die Seherin eine „Mystagogin des Satans" nannte, die Offenbarung seines Gelübdebruchs gegenüber seinen Vorgesetzten. Und alles, was dann folgte ...
Sie hämmerten gegen die Tür. Josaphat öffnete.

„Komm heraus, du Schurke, du Gauner, du Verbrecher!", brüllte Carolus Buhler mit zornrotem Gesicht. Begleitet von zwei Laienbrüdern führte er Josaphat zum Kapitelsaal. Dort schickte er die beiden Brüder fort, stieß Josaphat in den Saal und schloss die Tür hinter sich ab.

Am großen Vorlesepult stand Propst Franz von Waldegg, neben ihm die bleiche hagere Gestalt seines Schwagers Pater Rudolf von Kucera, und an seiner Seite, vergrämt, verbittert, mit roten, tränenden Augen, die Seherin Aloysia Berger. Josaphat erschrak, als er sie sah. War das die zerbrechliche Frau, die sich an ihn geklammert hatte? Es schien ihm, sie sei ein anderer Mensch. Es war nicht Aloysia, nein, es war die schreckliche „Mutter", die Hexe, die leibhaftige Teufelin, die auf die Erde gekommen war, ihn zu vernichten.

Franz von Waldegg gebot dem Angeklagten, denn als solchen habe er sich zu betrachten, sich auf einen Stuhl mitten in dem großen Saal zu setzen. Pater Carolus bat er, sich neben ihn zu setzen. Dann begann er zu sprechen:

„Bevor wir – Pater Rudolf und ich selbst als von Gott bestimmte Richter, und Pater Carolus als Ankläger und Verteidiger der unschuldigen Jungfrau Aloysia – mit unserer Verhandlung beginnen, lassen Sie mich darauf hinweisen, wie großartig und erhaben die Sendung unseres Schutzgeistes dasteht im Vergleich mit all dem, was heutzutage vorkömmt, mit dem gräuelhaften Unsinn, Tischrücken und Psychographen durch menschlichen Betrug und teuflische Eingebung hervorbringen; vergleiche ich damit die vielen magnetischen Erscheinungen unserer Zeit, die nur auf Prahlerei und eitlen sündhaften Vorwitz hinauslaufen, vergleiche ich all dies mit der uns zuteil gewordenen höheren Führung, mit dem Charakter der Jungfrau Aloysia und mit der erhabenen Erscheinung unseres Schutzgeistes, so wirft ein solcher Vergleich ein helles und glänzendes Licht auf die Echtheit und die Reinheit seiner Sendung, die nur aus Gott kommen kann."

In ähnlichen Worten fuhr Franz von Waldegg fort, die himmlische Erscheinung, die doch niemand anderer war als seine geliebte Gattin, zu preisen, ohne jedoch zu vergessen, wie schwer die Anschuldigungen Josaphats wogen.

Nachdem Propst Waldegg seine Rede beendet hatte, begann Pater Carolus Buhler eine 47 Seiten umfassende

Anklageschrift vorzulesen. Dabei geriet er in immer größere Wut. Schließlich sprang er von seinem Sitz auf, streckte mit theatralischer Geste seine Hand gegen Josaphat aus und rief in höchster Erregung:

„Dieser Mensch hat im abgelaufenen Jahr trotz meiner aufopfernden Hingabe nicht nur keinen Schritt zur Bekehrung getan, sondern er ist jetzt gänzlich eine Beute des Satans geworden. Er ist ein unverbesserlicher Heuchler, Pharisäer, Gelübdebrecher, Verleumder und Lästerer der Mutter Gottes. Seine Schandtaten, seine grässlichen Vergehen, seine Lügen und Bosheiten bezeugen seine niedrigste Rachsucht, ja, er ist schlimmer als die verwilderten Sträflinge und Wahnsinnigen in den Zucht- und Irrenhäusern ..."

Nachdem Pater Carolus seine Anklagen vorgebracht hatte, stellte er den Strafantrag für den unverbesserlichen Verbrecher und Ketzer Josaphat: „Ab sofort ist ihm jede priesterliche Tätigkeit, vor allem die Feier des heiligen Messopfers verboten, desgleichen jeder Kontakt mit den Mitbrüdern; das Lesen von Büchern ist ihm ebenfalls nicht gestattet, seine Zelle darf er nur verlassen, um seine Notdurft zu verrichten."

Außerdem, führte Carolus aus, dürfe er nur bei ihm beichten und müsse jede Woche eine genaue schriftliche Abrechnung über seine Sünden und Vergehen niederschreiben.

Nachdem Carolus seine Anklage beendet hatte, erhielt Aloysia das Wort. Ihre Ausführungen glichen denen des Pater Carolus, der inzwischen als ihr Seelenführer fungierte. Sie schloss mit den Worten: *„Josaphat ist und bleibt ein Scheinbekehrter, der sich selbst führen will. Er wird ewig verloren gehen. Die Hölle steht offen. Der Meister harrt seines Schülers, der ihm so bereitwillig gedient hat."*

Das Schlusswort sprach der gelehrte Jurist Pater Rudolf von Kucera. Er führte aus, er selbst habe leider zunächst gezweifelt, ob das „Geheimnis im Geheimnis" von Gott komme. Doch er habe gebetet und der Herr habe ihm ein Zeichen gewährt, das ihn überzeugte. Kucera fuhr fort:

„Die *Mutter* sandte mir einen Brief, der erfüllt war von höchster Weisheit, wie sie kein Mensch ersinnen kann. Fürwahr, er war im Himmel verfasst worden."

An Josaphat gewandt aber sagte er: „Sie wollen nicht gehorchen. Sie wollen Ihr eigener Ratgeber sein. Wissen Sie nicht, dass Sie als Ordensmann keinen eigenen Willen haben dürfen? Ihre Seele und Ihr Gemüt wenden sich gegen die göttliche Gnade. So wenig ich daher noch an Ihr ewiges Heil glaube, so bleibt doch ein Funke Hoffnung, dass die von Ihrem Ankläger geforderten Strafen, die ich Ihnen hiermit auferlege, Sie aus der Verdammnis erretten mögen."

Mit den Worten *„Schurke, Verbrecher!"* führte Carolus Bühler den schluchzenden Pater Josaphat zu seinem Zimmer.

Klassentreffen

Jahrzehnte waren vergangen. Wieder einmal, wie so oft in den letzten sechzig Jahren, kam der Afrikamissionar Pater Jacobus in Urlaub, um sich in seinem Mutterkloster Erlbach zu erholen. Jacobus gehörte als einziger der dreizehn Novizen, die vor sechzig Jahren in Erlbach eingetreten waren, noch dem Orden an. Wie immer in den vergangenen Jahren trafen sich die überlebenden Mitnovizen mit ihm im Kloster. Die meisten wurden von ihren Frauen begleitet, die mit ihnen zusammen ergraut waren.

Im Ruhestand lebende Großväter waren sie, der Oberzollinspektor, der General der Luftwaffe, der Professor, der Schuldirektor, der Prälat, der Ordinariatsrat, alle inzwischen außer Dienst, mit Lebenserfahrungen, die so verschieden waren, wie man es sich nur vorstellen mag. Und dennoch: wenn sie jetzt im großen Refektorium in Erlbach saßen, umgeben von den Mönchen des Klosters, schien die Zeit seit ihrer Einkleidung mit dem Ordenshabit zu einem Nichts zusammengeschrumpft.

Der Lektor hatte die Lesung aus der Ordensregel beendet. Propst Karl Settler erhob sich von seinem Platz und begrüßte die Gäste. „Ihr gehört immer noch zu uns", sagte er, „ja, ihr gehört vielleicht mehr zu uns, als so mancher, dessen Konterfei ihr in den Klostergängen bewundern könnt, und seien sie auch Bischöfe und Kardinäle."

„Ja", dachte Ludwig, „er mag recht haben, auch deswegen, weil sich so vieles in den letzen sechzig Jahren verändert hat." Das Leben, draußen wie drinnen, hatte keine „disciplina" mehr nötig. An ihre Stelle waren wirkliche Probleme, Fragen, Mühsale, Schicksalsschläge getreten. Die aus Hanf geflochtene Disziplin war vergessen, weggetragen, fortgeschafft wie so mancher Schutt vergangener Jahrhunderte. Geblieben war, was man nicht beschreiben kann. Vielleicht war es ja der gute Geist der ersten Mönche, die im zwölften Jahrhundert das Kloster in dem hügeligen Voralpenland besiedelt hatten. Dieser Geist hatte überlebt, war stärker als all die Geister, die vor mehr als hundert Jahren, verkleidet als himmlische Erscheinungen, die Klosterbewohner verwirrt hatten.

Für eine halbe Stunde verließ Ludwig die Besuchergruppe. Sein Weg führte zu den Bildern an den Wänden der Klostergänge. Lange blieb er vor dem Gemälde des Propstes Franz von Waldegg stehen. Er vergaß auch nicht, an Pater Josaphat zu denken, von dem kein Bild zu sehen war. Gewiss, die Gestalten aus vergangenen Jahrhunderten hatten auf den ersten Blick wenig zu tun mit den Aufgaben und Plagen der Gegenwart. Dennoch fühlte er sich ihnen nahe und glaubte sich von ihnen verstanden, so wie auch er in seinen Studien ihr Leben mit allen Irrungen und Wirrungen zu begreifen versucht hatte ...

Gegen Abend verließen die ehemaligen Novizen das Kloster in Erlbach. Fünfzig Jahre waren vergangen seit den Tagen, als sie hierhergekommen waren, um den Willen Gottes zu erfüllen. Und, so dachte Ludwig, sie waren jeder auf seine Weise, wenn auch anders, als sie geglaubt hatten, diesem Vorsatz treu geblieben, wie einst Franz von Waldegg und – Pater Josaphat.

Geisterdämmerung

Pater Josaphat war stark geblieben. Was auch immer sie mit ihm anfangen würden, er war überzeugt:

„Ich glaube und lebe in dem Vertrauen, dass Gott in seiner unendlichen Barmherzigkeit mir meine Sünden verziehen hat. Ich weiß, dass ich aus mir selbst nichts vermag, dass ich aber mit Gottes Gnade alles vermag."

Dies vermerkte er auf einem Blatt, das er seinem „Gewissensführer" Pater Carolus Buhler überreichte. Der aber geriet angesichts solcher Ketzereien außer sich. Solche Reden, in denen nichts vorkam vom Gehorsam gegen die Regel und die Unterwerfung unter den Willen der Oberen und des Beichtvaters, solche häretische „Selbstleitung" konnte nur vom Satan stammen. So schrieb er an Josaphat:

„Sie stinken von ketzerischer Hoffart und Selbstvergötterung. Hüten Sie sich, an ein inniges Verhältnis mit Gott zu denken. Ich befehle Ihnen wegen Ihrer Hartnäckigkeit erneut eine ausführliche Gewissensrechnung zu erstellen. Ihre Suspension von allen priesterlichen Würden bleibt erhalten, die Kommunion zu empfangen ist Ihnen streng verboten. Legen Sie fürderhin jede Woche eine Generalbeichte bei mir als ihrem Seelenführer ab. Fassen Sie dieselbe schriftlich ab. Die Jungfrau Aloysia wird sie durchlesen und korrigieren. Rechnen Sie aber nicht mit der Lossprechung von Ihren Sünden!"

Fortan glich die Lage Josaphats der eines Gefangenen. Tag und Nacht wachten Ordensbrüder vor seiner Tür, damit er das Kloster nicht heimlich verlasse, hatte er doch gedroht der Heiligen Römischen Inquisition die Behandlung mitzuteilen, die ihm in Erlbach widerfuhr. Und tatsächlich gelang es ihm, trotz der Wächter in den Klostergängen, durch den Schacht, durch den die schmutzige Wäsche ins Erdgeschoß geworfen wurde, zu entweichen und während der Nacht einen an die Inquisition gerichteten Brief in das Postamt in einer fünf Kilometer entfernten Stadt zu tragen. Als er zurückkam, empfingen ihn seine Peiniger und verordneten ihm blutige Geißelungen. Der Brief, den er geschrieben hatte, kam aber nie an sein Ziel, denn der Propst und seine Helfer hatten mit dem Postamt vereinbart: sollte je einmal ein Brief des Pater Josaphat nach Rom abgegeben werden, so soll der Brief an das Kloster zurückgebracht werden.

Doch Josaphat hatte sich durchgerungen. Er blieb fest. Dass er der Verzweiflung nahe war, ließ er sich nicht anmerken, auch wenn er in sein heimliches Tagebuch schrieb:

„Warum hat Gott es zugelassen, dass ich in diese

furchtbare Geschichte verwickelt bin? Heute bin ich in der Stimmung, dass ich nur von Herzen zu sterben wünsche. Nirgends Hilfe; verlassen von allen! Ich möchte weinen wie ein Kind."

Wenig später wurde Josaphat als unverbesserlich aus dem Kloster entlassen.

※

Aloysia machte indessen in der Römischen Kirche Karriere. Bischöfe und Kardinäle ließen sich von ihr beraten. Selbst der römische Papst hörte auf ihre Orakelsprüche und auf die Weisungen, die ihr aus dem Jenseits vermittelt wurden.

Bei denen jedoch, die ihr am nächsten standen, bei den Mönchen in Erlbach, mehrten sich die Zweifel. Propst Franz von Waldegg, der die Regierungsgeschäfte immer mehr seinem Stellvertreter Carolus Buhler überlassen hatte, dessen *„beispiellose Geduld mit dem unbußfertigen Pater Josaphat"* er über alles lobte, war sich, als es mit ihm zum Sterben kam, nicht mehr so sicher, ob es wirklich seine Frau Juliane war, die durch den Mund der Aloysia sprach. Der Asket Rudolf von Kucera aber weigerte sich sogar, in seiner Todeskrankheit bei einem der Priester zu beichten, der zu den Verehrern der Seherin gehörte.

Dann kam der Tag, an dem die Seherin starb. Ihr Seelenführer Pater Carolus Buhler, der nach dem Tode Franz von Waldeggs zum Propst gewählt worden war, war entsetzt, als sich die Zeichen der nahen Auflösung bemerkbar machten. Sie konnte, sie durfte nicht sterben. In höchster Aufregung rannte Carolus bald in die Kapelle, bald in das Zimmer der Sterbenden im Gästetrakt. Alle Patres rief er in die Kapelle, damit sie zu Gott und den Heiligen um Genesung für die Seherin beten:

Heilige Maria – bitte für sie!
Heiliger Josef – bitte für sie!
Heilige Petrus und Paulus – bitte für sie!
Alle Heiligen Gottes – bittet für sie!

Alle Rufenden übertönte die Stimme des Propstes. Sie klang gewaltig, wie die eines Schiffbrüchigen mitten im Toben von Wind und Wellen.

Die Kranke wurde ruhiger. Und während die umstehenden Priester ihre Seele Gott empfahlen, bedeckte ein großer Schwarm von Tauben das Fenster zum Sterbezimmer. Auch die Schwalben flogen herbei und umflatterten das Sterbebett. Mitten in der Nacht starb sie in dem Augenblick, als Carolus betete: „Möge der heilige Josaphat im Jenseits für Dich eintreten!"

Propst Carolus Buhler war untröstlich. Er, der durch so viele seine Mitbrüder unbarmherzig gequält hatte, war in Tränen aufgelöst. Vier Jahre später ging auch sein Leben dem Ende entgegen. Seine Mitbrüder drängten ihn, sein Testament zu machen.

„Es ist noch nicht soweit", stöhnte der Todkranke. „Aloysia wird mir vor meinem Tode erscheinen. Das hat sie mir versprochen."

Sie erschien nicht, und so starb Carolus Buhler im Zweifel darüber, ob all das, was ihm das himmlische Orakel zu tun befohlen hatte, wirklich der Wille Gottes gewesen war.

„Lieber Gott, lass mich wegen dieser Sache nicht ewig verloren gehen", sagte er, bevor er starb. Mit ihm aber starb im Kloster zu Erlbach der Glaube an direkte und unfehlbare Weisungen aus dem Jenseits.

❧❦

Siebenundsiebzig Jahre später überreichte eine vornehme Dame, die sich als Frau Wittlinger vorstellte, dem Neupriester Ludwig fünfzig Deutsche Mark mit der Bitte: „Lassen Sie dafür Heilige Messen für meinen Großonkel, den Propst Carl Buhler lesen." Ludwig übergab das Geld dem Pater Riccardus, dem Ökonom von Erlbach. Der sagte: „Beten wir für alle Armen Seelen, tote und lebendige, die es nötig haben."

Wie sich alles fügt

Ludwig war alt geworden. Er blätterte in den Briefen, die er im Laufe seines Lebens erhalten hatte. Er stellte fest, dass er vom Kloster in Erlbach nicht losgekommen war, trotz allem ...

Ein Satz des „Meisters", den er den Novizen mitgab, kam ihm in den Sinn. „Viele gehen ins Kloster, um Gott zu suchen", hatte der Meister gesagt, „und sie finden doch nur Menschen." Ludwig las die Briefe, die er im Laufe von mehr als fünfzig Jahren aus dem Kloster erhalten hatte. Ihre Absender waren so verschieden, wie Menschen es nur sein können. Aber kein einziger war dabei, der ihn verurteilte, weil er sie verlassen hatte, auch wenn da und dort Sätze des Bedauerns standen. Und einer hatte geschrieben: „Du hättest gut zu uns gepasst."

„Vielleicht", dachte Ludwig. Dennoch war er überzeugt, dass sein Weg der richtige war. Sollte es so sein, dass Gott die Menschen ruft, so ruft er doch jeden auf seine Weise. Und da ist eben der Wille Gottes nicht immer identisch mit dem Willen der Ordensoberen, nicht einmal mit dem Willen des Papstes in Rom, aber auch nicht immer mit dem eigenen Willen.

Ludwig dachte nach über die Mönche, die ihm aus dem Kloster geschrieben hatten. Er dachte an den „Meister", der an sich selber so schwer zu tragen hatte und dennoch seinen Weg – beiderseits der Rollbahn – zu Ende ging, an Pater Johannes, der zu anderen Zeiten als Heiliger verehrt worden wäre, den ein Mitbruder den „edelsten Brocken", nannte, „der bei uns im Hause herumläuft", und der dennoch im vertrauten Gespräch Ludwig erzählte, es habe ihn niedergedrückt, als die Mitbrüder ihm sagten, man könne ihn zu nichts gebrauchen.

Gott oder das Leben oder wer auch immer hatte es gefügt, dass er selbst nach seinem Austritt von den Mitgliedern seines ehemaligen Ordens noch immer gebraucht wurde. Ja, sie hatten ihn zum „Oblaten", zum besonderen Freund des Ordens erklärt und ihm Aufträge übertragen, die ihn zu Zweigniederlassungen in Italien, Frankreich, Polen, Portugal und in die Vereinigten Staaten führten. Und erst vor kurzem noch hatte ihn ein neunzigjähriger Mönch aus New York gebeten: „Besuchen Sie uns doch wieder!"

Ludwig war ihnen dankbar, auch dafür, dass sie ihm schließlich seine Veröffentlichungen zur Vergangenheit des Klosters zu Erlbach nicht verübelt hatten. „Die Wahrheit", so sagten sie, „muss ans Licht kommen. Nur so kann sie uns frei machen."

„Merkwürdig", dachte Ludwig, „dass ich am Abend

meines Lebens an den Ort verschlagen wurde, wo die dunkelste Geschichte des Erlbacher Klosters seinen Anfang nahm." Wenige Schritte von seiner Wohnung, an der Straße, die aus der Kaiserstadt nach Linz hinausführt, stand die Villa des „alten Shylock", in der Franz von Waldegg und Juliane von Weyrother sich zum ersten Mal begegneten. Damals ahnten sie nicht, welche Dunkelheit ihnen in der Zukunft drohte.

Ludwig schaute aus dem Fenster. Es hatte zu schneien begonnen. Dicke Flocken fielen vom Himmel und bedeckten die Krokusse, die viel zu früh aus der Erde gekrochen waren. Ludwig hoffte, dass sie die Kälte überstehen würden. Er legte die Aktenmappe mit den Briefen aus der Vergangenheit auf die Seite, zog seine Winterstiefel an und nahm den dicken Anorak vom Haken. Dann schritt er hinaus in das Schneegestöber und in die einbrechende Nacht, dem Ort entgegen, an dem einst die Villa der Waldeggs stand.

Ein Vers fiel ihm ein, den er vor vielen Jahren gelesen hatte:

Ich erstaune tief in Scheu,
wie sich alles fügt.

III. Römische Jahre

_____ Die Bewerbung

Seit Wochen hatte es nicht mehr geregnet. Dem heißen August folgte ein trockener September.

„Es hat keinen Sinn, in die Wälder zu gehen", sagte Ludwig zu seinem Sohn. „In diesem Jahr wachsen die Pilze nicht."

Er ging gern in die Wälder. Hier konnte er alles vergessen: den Tod seiner Frau, die er geliebt hatte ... Er konnte vergessen, dass er, 45 Jahre alt, noch immer auf eine Stellung wartete. „Für Sie ist der Zug schon längst abgefahren", hatte sein um zehn Jahre jüngerer Freund, Professor Delius, gesagt.

In den freundlichen Antwortschreiben auf seine Bewerbungen war zu lesen:

„Da Sie bereits einer festen Tätigkeit nachgehen, werden Sie verstehen, dass wir jüngere arbeitslose Akademiker vorziehen müssen." – Oder: „Nach eingehender Beratung und Abwägung aller Umstände fiel unsere Wahl, die wir uns nicht leicht gemacht haben, auf einen jüngeren

Bewerber. Wir wünschen Ihnen alles Gute für Ihre Zukunft."

Früher war er katholischer Geistlicher gewesen ...

Zehn Jahre lang – von seinem 21. bis zu meinem 31. Lebensjahr – hatte er unter Depressionen gelitten ... und sich deswegen geschämt. Er hatte am helllichten Tag im Bett gelegen, die Vorhänge zugezogen und sich schwer gefühlt irgendwo zwischen Magen und Bauch, er meinte, ihm bleibe der Atem weg, er stolperte durch das Haus ..., er war müde, was er tat, erschien ihm sinnlos und zum Sterben, er ging weiter, mechanisch, lebte weiter, ... Er dachte – dachte er? – wenn es doch aus wäre. Er beichtete seine Gedanken. Der hinter dem Gitter sagte, er wisse einen guten Arzt. Es gebe doch Psychopharmaka.

Sicher, man kann alles erklären, Stoffwechselstörung im Gehirn, einfach Chemie (die ganze Seele ist nichts als Chemie), eine Neurose, aber nur eine Randneurose, falsche Lebenswahl, ungutes Arbeitsklima, beengende Umwelt, Verdrängung der Sexualität ... von daher also die Angst. Man sprach möglichst wenig über all dies. Sexualität war sowieso tabu, bis sie, die totgeschwiegene, plötzlich ausbrach.

An einem Tag im Mai – er bemerkte die Hummel, die durch das offene Fenster flog – waren die Depressionen vorüber, fast vorüber. Er dachte, dass dies damit zusammenhinge, dass das Studium an der Universität ihm Freude machte. Er studierte Geschichte (aus Gehorsam, weil es so angeordnet war). Er traf Menschen, die ganz normal waren, ohne Russlandtick, ohne mystische Tränenergüsse, ohne Mikrobenängste und ohne Furcht, die Zauberformel beim *Hoc est enim* könne nicht gelingen. Wenn er allein durch die Straßen ging, fühlte er sich frei – dennoch hatte er Angst, den beschützenden Mutterschoß des Klosters endgültig zu verlassen.

Dann hatte er seine spätere Frau kennengelernt. Beim ersten Mal entjungferten sie sich gegenseitig ... Sie umarmten sich nochmals, zogen sich an, draußen lag tiefer Schnee. Der alte VW-Käfer sprang endlich an. Er lag auf dem Rücksitz. Sie breitete eine Wolldecke über ihn. Es war fünf Uhr morgens, aber es war möglich, dass jemand wach war. Man kannte ihn im Dorf. Irgendwann war Ludwig zum Ordensoberen gegangen. Der wusste es schon. Alle wussten es, nur er wusste nicht, dass sie es wussten. Er dachte: Wenn er mir jetzt befiehlt: du bleibst, dann bleibe ich. Aber er befahl ihm nichts, weder zu bleiben noch zu gehen. Er gab ihm die Freiheit. „Die Entscheidung liegt allein bei Dir. Aber denk daran, Du bist nicht nur für Dich verantwortlich. Vergiss nicht, an das Mädchen, an Auguste, zu denken."

Dann war der Bescheid aus Rom gekommen, zwei Monate, nachdem er weggeschickt worden war. Er war in die italienische Post geraten. Aber es war noch nicht die Dispens. Seine Gründe reichten nicht aus. Er hatte in seinem Dispensgesuch angegeben, er wolle ein reifer Mensch werden. Das zählte nicht. Erst musste eine Befragung durch den Erzbischöflichen Richter stattfinden. Er hatte Gründe aufzuspüren, die in Rom anerkannt werden. Gemeinsam suchten sie die Gründe.

„Ich habe eine Freundin."

„Hilft nichts, die Bekanntschaft muss mehrere Jahre andauern ..., wenn wenigstens ein Kind da wäre!"

Es war keines da. Nicht einmal eine Schwangerschaft.

„Die Beichte der Priester, die ich gehört habe, hat mich in meinem Entschluss bestärkt."

„Das können wir nicht schreiben", sagte der Richter.

„Dann eben meine Depressionen, meine Neurosen."

„Gut!" sagte der Offizial, „das könnte gehen."

Jahre später traf Ludwig den zuständigen Referenten aus der römischen Glaubensbehörde, dem *Heiligen Offizium*, der inzwischen selbst geheiratet hatte und der sich rühmen konnte, alle Zölibatsfälle durchgebracht zu haben – auch Ludwigs Fall lief über den Tisch des Referenten. Er hatte Erfolg, da er in den Gesuchen um Befreiung vom Zölibat sorgfältig nach Spuren von Verrücktheit gefahndet hatte, die sich zugunsten des Antragstellers ausbauen ließen ...

Ludwigs Gedanken hatten sich in der Vergangenheit verlaufen. Er kehrte in die Gegenwart zurück. Sein siebenjähriger Sohn machte sich bemerkbar.

„Wir gehen heute nicht in die Wälder", sagte er.

„Vater, ich habe Hunger."

Er ging in die Küche und schälte Kartoffeln.

Er dachte daran, dass er seit vier Jahren vergebens auf eine Anstellung wartete. Trotz vierzehn Semestern Philosophie und Theologie *taugte er zu nichts mehr* (und all die schönen Bewertungen seiner Leistung auf den Scheinen waren im Blick auf eine wissenschaftliche Karriere wegen des Konkordats zwischen Hitler und Papst für die Katz, wie Auguste sagte).

Dann fiel ihm die Ausschreibung ein, ein drei Monate altes Stellenangebot aus der „*Zeit*":

„Jüngerer Historiker mit Erfahrungen als wissenschaftlicher Redakteur gesucht. Schwerpunkt: 19. Jahrhundert. Dreijahresvertrag. Bewerbungen bis 31. September an das Deutsche Kulturinstitut in Rom."

Er las schon zum zehnten Mal den Begleitbrief seines Freundes Delius:

„Von dieser Ausschreibung sollten Sie wissen. Allerdings wird die Stelle für Sie nicht in Frage kommen. Ich werde mich selbst bewerben, zum andern werden nur Beamte auf Lebenszeit genommen, was für Sie nicht zutrifft, da Sie Angestellter sind. Im Übrigen: Ihre derzeitige Stellung als Volksschullehrer ist nicht gerade eine Empfehlung für unser Haus. Mit freundlichen Grüßen, Ihr C.W."

Er setzte sich an die Schreibmaschine und schrieb, dass er sich um die Stelle bewerbe.

Dann regnete es. Drei Wochen lang regnete es. Er ging in die Wälder. Der Briefträger brachte ein Schreiben aus Rom.

„Ihre Bewerbung ist hier eingegangen. Bitte füllen Sie beiliegende Fragebogen aus. Senden Sie uns Ihr 'Curriculum vitae' und eine Liste Ihrer Veröffentlichungen. Außerdem ersuchen wir Sie um ein Vorstellungsgespräch am 31. Oktober. Treffpunkt Frankfurt Hauptbahnhof, Bahnhofswirtschaft. Der Direktor."

Er füllte die Fragebogen aus. Er bestätigte, dass sein 1864 geborener und 1948 verstorbener Großvater Alfons sowie alle seine übrigen vor dem Zweiten Weltkrieg verstorbenen Großväter und Großmütter weder direkte noch indirekte Kontakte zur Deutschen Demokratischen Republik hatten.

Dann traf er den Direktor. Sie saßen am Frankfurter Hauptbahnhof, gleich neben den Schließfächern. Sie tranken Bier und rauchten beide den gleichen englischen Tabak. Sie unterhielten sich zwei Stunden, nicht nur über Geschichte.

Anfang Dezember hatte er die schriftliche Zusage des Direktors.

Einzug in Rom

Elf Jahre lang hatte Ludwig die Schüler geärgert, elf Jahre lang hatten sie ihn geärgert. Nicht weil er zum Lehrer berufen war, sondern weil ihm andere Möglichkeiten verschlossen waren, war er Lehrer geworden. Als er zum Fortbildungsleiter ernannt werden sollte, kündigte er.

Ihm fehlte das gewisse Etwas, das er an anderen Lehrern bemerkte, ihre Eindeutigkeit, oder, soll man sagen, ihre Einseitigkeit. Warum auch immer so und nicht anders? Die Regeln und Riten sind doch alle willkürlich, irgendwann einmal von einem Fachidioten erfunden.

Warum so und nicht anders? Warum die Schüler formen nach der vorgeschriebenen Schablone, damit sie schön abgeschliffen in die rechte Schublade passen und für unsere Anpassungsgesellschaft tauglich sind? Gibt es wirklich allgemein gültige Normen in der Entwicklung vom Kind zum Erwachsenen? Muss nicht jeder Mensch *von Kindesbeinen an* seinen eigenen Weg in seiner ureigenen Einmaligkeit gehen, wobei die

Aufgabe des Erziehers nichts anderes sein kann als ehutsam zu begleiten? Ist es nicht eine Anmaßung der Pädagogen, wenn sie genau zu wissen glauben, wie ein Mensch mit zehn, mit fünfzehn, mit zwanzig Jahren zu denken und zu fühlen hat (weil das so in ihren pädagogischen Lehrbüchern steht). Und schließlich: gibt es überhaupt eine absolute Gewissheit und eine unbezweifelbare Wahrheit?

Nicht angepasste Menschen (so wie er es einst für gottgefällig hielt) soll die Schule erziehen, sondern aufmüpfige, sagte er bei einer Versammlung der Eltern und Lehrer. Alle schauten ihn entgeistert an. Die seien schon aufmüpfig genug, die Schüler, sagten die Kollegen.

„Warum ziehen Sie uns nicht an den Ohren und verteilen Prügel?", hatten die Schüler gefragt. „Die Prügelstrafe ist abgeschafft", hatte er geantwortet.

„Bei uns zu Hause nicht", sagten die Schüler.

„Ich bin nicht Mitglied der CSU", hatte er gesagt. Er musste es sehr laut gesagt haben, denn der Kollege vom Zimmer nebenan kam zu ihm und ermahnte ihn: „Wir brauchen Sie noch länger."

Das alles sollte nun für ihn Vergangenheit werden. Mit Beginn des neuen Schuljahres konnte er in Rom beginnen.

Am Montag, dem 2. September, staute er Bücher und Wäsche in seinen Daihatsu. Um zehn Uhr war er mit dem Einpacken fertig. Abends sieben Uhr, als überall die Glocken läuteten, zog er in die Ewige Stadt ein. Irgendwo am Rand der Stadt, in einem katholischen Kloster, würde er vorerst wohnen. Er wusste nur sehr vage, wo es war. Es war neun Uhr, als er ankam. Er hatte einige römische Vororte kennengelernt und hinter italienischen Autos eine vierspurige Straße überquert, an einer Stelle, wo dies eigentlich nicht möglich war. Keiner, den er fragte, kannte seine Bestimmung. Er hatte nach der Straße gefragt, wo er wohnen sollte, nach der *Via Giovanni Eudes*.

„Dove si trova la Via Öd?"

„Che cosa? La via Eed? Non esiste."

„Ma si! Deve essere vicino alla Via della Pisana."

Ah! La Via Ä-Udes. Quella esiste ...

So kam er endlich an. Seine Wohnung war riesengroß und, wie sich herausstellen sollte, im Winter bitter kalt. Zwei Wochen später, zum Schulbeginn, folgte sein siebenjähriger Sohn mit dem Flugzeug.

Signor Costantini

Er war in Rom. Sein Sohn war in Rom. Er hatte eine Wohnung, sie war „möbliert" (darum kostete sie mehr), aber die Möbel, die sich in ihr befanden, waren zwar da, aber nicht zu gebrauchen. Es war Zeit, dass er mit all seinem „Hausrat" nach Rom zog.

Er ging zur Zollbehörde. Dort erklärte man ihm, er könne seinen „Hausrat" nur dann zollfrei einführen, wenn er nicht nur eine Wohnung *(appartamento)*, sondern einen „Wohnsitz" *(residenza)* besäße, ganz abgesehen davon, dass es ja eigentlich verboten sei, eine Wohnung zu haben, wenn man keinen Wohnsitz hat.

Er ging zum Einwohnermeldeamt der Stadt Rom. Dort erfuhr er nach dreistündigem Warten, er sei vorgemerkt. Man überreichte ihm einen Zettel, auf dem seine Platzziffer stand. Diese würde in drei Monaten aufgerufen. Er solle dann erscheinen, um einen Wohnsitz zu beantragen. Er aber brauchte den Wohnsitz sofort.

Was sollte er tun? Er erkundigte sich bei einem Kollegen, der schon länger in Italien lebte und mit allen

Schlichen vertraut war. Ja, sagte der, er kenne die Situation. Aber das Problem sei lösbar:

„Geh vormittags um halb 12 in die *Bar Da Roberto, via Scalo San Lorenzo 23*. Dort triffst Du *Signor Costantini*. Er trägt eine veilchenfarbene Jacke und Ringe an allen Fingern. Du kannst ihn nicht verfehlen. Bring bei ihm dein Anliegen vor und mache alles, was er von Dir will!"

Er tat, wie ihm gesagt worden war. Er traf den Herrn, der unverkennbar Costantini war, und brachte sein Anliegen vor. Er wurde von Herrn Costantini zu einer Tasse Espresso eingeladen. Anschließend begaben sie sich in seine Einzimmeragentur im ersten Stock. Er bat Ludwig, am nächsten Tag wiederzukommen und *eine Million achthunderttausend Lire* für den Zoll bei ihm zu hinterlegen. Das Geld würde ihm zurückgezahlt, sobald er in Rom angemeldet sei. Allerdings müsse dies innerhalb von drei Monaten geschehen. Die „Bearbeitungsgebühr" betrage *dreihundertfünfzigtausend Lire*. Ludwig ging zu seinem Personalchef. Der gab ihm das Geld.

Tags darauf war Ludwig wieder im Café *Da Roberto*, trank mit Herrn *Costantini* einen Espresso und regelte seine Angelegenheit in dessen Büro. Vor allem, erklärte Signor Costantini, dürfe die Zollabwicklung nicht am Brenner erfolgen, vielmehr sei der Umzugswagen vom deutschen Zoll zu plombieren und sofort an das Hauptzollamt in Rom zu senden. Wertvolle Gemälde, soweit Ludwig solche besäße, könne er zwar transportieren, aber er solle sie auf seiner „Hausratsliste" nicht vermerken. Ludwig hinterlegte gegen Quittung das Geld für den Zoll und zahlte die Bearbeitungsgebühr.

An einem Tag im Oktober kam der Möbelwagen der *Spedition Hofbauer* morgens 8 Uhr mit seinem Umzugsgut am Tor zum römischen Zollamt an. Anwesend waren der Fahrer, zwei Packer, Herr Costantini und Ludwig. Die Zöllner lotsten den Wagen durch das Tor, stellten ihn ab und bedeuteten dem Fahrer, er möge in vier Stunden wiederkommen. Punkt zwölf Uhr stand Ludwig mit den Männern der Firma Hofbauer vor dem Tor. Herr Costantini kam ihnen aus dem Zollamt entgegen, überreichte ihnen die gestempelten Papiere. Der Fahrer holte den Wagen. Als dieser zum Tor hinausrollte, bemerkte er, dass er noch immer verplombt war. Herr Costantini winkte einem Zöllner, der die Plombe öffnete. Der Wagen fuhr weiter zu Ludwigs Wohnung.

Doch in Wirklichkeit war das Problem seines Einzugs noch lange nicht gelöst. Als Ludwig im November am vereinbarten Tag zur vereinbarten Stunde mit seiner Platzziffer im Einwohnermeldeamt vorsprach, musste er einen Anmeldebogen ausfüllen. Dann wurde ihm ein Zettel überreicht. Auf ihm stand, dass er um einen Wohnsitz nachgesucht hätte. Man bat ihn, im Dezember wieder zu kommen.

Als er im Dezember wieder kam, wurde ihm gesagt, sein Gesuch sei weitergeleitet worden. Er solle in zwei Monaten im Büro seines Stadtbezirks erscheinen.

Inzwischen war die ihm gewährte Frist abgelaufen. Herr Costantini rief an: „Bringen Sie mir sofort die

Bestätigung Ihrer Anmeldung!"

Ludwig erklärte: „Das kann ich nicht."

Das sei schlimm, sagte Costantini. Er glaube nicht, dass eine Verlängerung möglich sei.

Bei Ludwigs Arbeitgeber war man zuversichtlicher. „Lassen Sie mich machen", sagte der Personalchef, ein Italiener, „ich kenne jemanden beim Zoll." Ludwig erhielt die Verlängerung für weitere drei Monate.

Als er nach Ablauf dieser Zeit im Stadtbezirksbüro seine polizeiliche Anmeldung abholen wollte, musste Ludwig ein weiteres Formular ausfüllen. Dann sagte man ihm: „Kommen Sie in zwei Wochen wieder. Sie erhalten dann die Beglaubigung Ihres Wohnsitzes."

Er kam wieder. Die Tür war verschlossen. Es wurde gestreikt. Er versuchte es in der Woche darauf. Er stellte sich an den Schluss der auf die Straße hinausreichenden Schlange, die weit innen im Gebäude an einem Schalter endete. Nach drei Stunden war er an der Reihe.

„Ich brauche eine Beglaubigung meines Wohnsitzes."

Der Schalterbeamte gab seinen Namen in den Computer ein. Er schüttelte den Kopf.

„Sie sind nicht im Computer!"

Ludwig reichte ihm die Durchschrift seines Anmeldebogens. Der Beamte schaute ihn sich lange an und schüttelte erneut den Kopf. „Da muss etwas schief gelaufen sein", sagte er. „Gehen Sie in den dritten Stock, Zimmer 38!"

Ludwig ging in den dritten Stock. Vor der Tür standen zehn Personen. Nach einer Stunde durfte er, der Verzweiflung nahe, eintreten. Der Beamte gab seinen Geburtstag und einige andere Daten in den Computer ein. Und siehe, da tauchte er, wenn auch etwas verunstaltet, auf dem Bildschirm auf.

Da stand weiß auf grün so etwas Ähnliches wie sein Familienname. Nur waren zwei Buchstaben vertauscht. Aus einem „Ei" war ein langes „I" geworden. „Wir haben Sie", sagte der Beamte, „wir müssen Sie nur noch etwas verändern. Kommen Sie in drei Tagen wieder, dann erhalten Sie Ihr Dokument."

Und so geschah es. Ludwig stellte sich erneut zwei Stunden an, erblickte sich – o Wunder! – völlig normal im Computer, zahlte 20.000 Lire und erhielt die feierliche Bestätigung seines römischen Aufenthalts. Zwei Tage später wäre die verlängerte Frist beim Zoll abgelaufen.

„Meglio tardi che mai – Besser spät als gar nicht", dachte er damals. Er wusste noch nicht, dass beim Umzug, schon beim Überschreiten der Grenze, etwas schief gelaufen war, und dass ihm der italienische Zoll Jahre später erneut das Leben schwer machen würde.

Diesseits des Tales stand der junge König

Wenn Ludwig abends aus dem Institut kam, kochte er sich und seinem Sohn das Abendessen. Er half dem Sohn beim Waschen und brachte ihn zu Bett. Dann sprachen sie das Abendgebet. Er versuchte es abwechslungsreich zu gestalten. Er entsann sich der vierzehn Engel, von denen zwei „zu meinen Häupten" wachen. Sein Sohn wies ihn zurecht. „Ich habe nur ein Haupt, keine zwei Häupten", sagte er.

Da versuchte er es mit Ludwig Uhland und der *Schwäbischen Kunde*. Dem Sohn gefiel der „halbe Türke".

„Beten wir den Kaiser Rotbart!", sagte er am folgenden Abend. Doch da fiel Ludwig ein, dass die *Schwäbische Kunde* zwar ein deutsches patriotisches, aber auch, was vielleicht dasselbe war, ein rassistisches Gedicht war, wie so viele Lieder, die sie früher im Internat gesungen hatten, vom Negeraufstand in Kuba, vom Neger Jim und vom tapferen Owambo, den seine Frau verspeiste ...

Als Ludwig dann selbst unruhig im Bett lag, bemerkte er, dass er vor sich hin summte: *„Nur im Krale der Owambo singt voll Wonne seine Lieder."*

Ausschnitte aus seinem Leben stiegen aus dem Gedächtnis auf: Propst Simon der Stratege, dem er nichts verzieh, Professor B., der ihm beibrachte, was die deutsche Universitätskultur sei, seine Ehe, das Internat (acht Jahre hatte er dort als Schüler verbracht) ...

Immer wenn Ludwig an das Internat dachte, fiel ihm der Präfekt ein, der darauf versessen war, den Schülern das Handballspielen beizubringen und der ihnen Anstandszeugnisse nach Hause mitgab: Schuhputzen 5; Pultordnung 4; Schrankordnung 6. Wenn er je einen Menschen gehasst hatte, dann diesen ordentlich beschränkten, arroganten, besserwissenden Exleutnant aus der deutschen Wehrmacht, dessen Karriere im Kloster sich nahtlos an seine Vergangenheit anschloss. Er konnte ja gar nicht anders, er musste später Militärgeistlicher werden ...

Doch dann dachte Ludwig an Frau Fischer, beleibt und liebevoll, wie sie die schmutzige Wäsche in Empfang nahm und sie sauber zurückbrachte. Sie hatte immer ein gutes Wort für die Schüler. Er dachte an das Essen, das nie ausreichte, an den Ökonomen, Pater Angelus, zu Deutsch Engel (er hieß nur so), der die Schüler zurechtwies, wenn sie einen schmutzigen Apfel von der Erde aufhoben *(Ihr seid nicht die Herren des Terrain!)* und an all die Gerüche, die er sofort wieder erkannte, wenn er ein Internat, einen Kindergarten, ein Krankenhaus betrat, Gerüche nach Erbsensuppe nicht nur in der Küche, nach Schweiß und Weiß-Gott-was in den engen Schlafsälen ...

Ganz deutlich glaubte Ludwig, die Lieder zu hören, die sie gesungen hatten, die Lieder der Wandervögel, der Katholischen Jugend, der Hitlerjugend:

Kameraden, fremde Welten singen leis von unserm Land ... Voran der Trommelbube – voran marschierte der Präfekt, er war klein von Gestalt und hieß Tremmel –. *Er weiß noch nichts von Liebe, weiß nicht, wie's Sterben tut.*

Das Stehen um das Johannes- (oder wie es im Internat noch immer hieß das Sonnwend-) feuer ..., das Springen über die Flammen, *wenn die Feuer tief gebrannt.* Und die Mahnung:

Lasset die Glut tief in euch entstehen, löschet sie nicht! „Schaut Buben!", hatte der Direktor gesagt, „warum griff der junge König in die feuchte Erde und legte sie auf seine Wangen? Er war für ein Königreich geboren, nicht für eine Marketenderin. Wisst ihr, was das bedeutet? Auch auf euch wartet ein Königreich, das Priestertum. Wie betet Ihr jeden Morgen nach der Kommunion:

Sieh, du sollst jetzt alles haben, was in meinem Herzen ist, alles leg ich dir zu Füßen, weil Du ja mein König bist."

Und der Direktor griff gar mächtig in die Saiten der „Klampfe" (so hieß das damals) und jubelte in glutvoller Romantik, während die Sonne über den Wäldern niedersank:

"Wir sind Deine Jungen, uns ruft der Wald, das ferne seltsame Klingen. Du aber bist der Brunnen im Herzen und das innerste Singen."

Und die Schüler sangen ihre Antwort, ihre Entschlossenheit:

"Wir lassen alles in der Tiefe liegen und bringen nur uns selbst empor zum Licht ..."

Merkwürdig, dachte Ludwig, dass wir trotz all dem einigermaßen normal blieben. Doch es gab ja auch das Gegenprogramm. Die Lehrer am Gymnasium waren nicht immer der gleichen Ansicht wie die Internatserzieher. Wie sagte doch der Biologe aus Traunstein, der seinen Schülern die Entwicklungslehre und das Häckelsche Grundgesetz (das mit der Phylogenese) beibrachte: *Wos is der Meensch? Der Meensch is a Rearl* (eine Röhre). *Oom geht's eini, untn kimmts außi* (Oben geht es hinein, unten kommt es heraus). Dagegen gab es natürlich im Internat eine Antivorlesung, wobei dann auch noch die Darwinsche „Theorie" so recht von Herzen bezweifelt wurde, nicht wegen des Adam, der kann ja ruhig ein Affe gewesen sein, sondern – was der Direktor nicht verstand – wegen der Eva, die nun einmal ursprünglich eine Rippe war.

So schien alles wieder zu Recht gerückt. Dennoch blieben *die Verwirrungen*, trotz Frühsport im Schnee mit nacktem Oberkörper, trotz Fußball und Wandern. Einige gingen nicht täglich zur Kommunion. Das fiel auf. Vor allem im Winter, wenn es so kalt war, dass das Wasser in den Waschschüsseln im langen Gang vor den Schlafräumen über Nacht gefror. Dann wurden die großen Kachelöfen in den Schlafräumen geheizt. Da saßen sie eng beisammen in der Dunkelheit in ihren Schlafanzügen um den Ofen und redeten, redeten die halbe Nacht.

Und wie Ludwig so dasaß, dreizehn Jahre alt und keusch, hat plötzlich eine Hand nach seinem *Unkeuschen* gegriffen, und er ... zaghaft, ängstlich ... Er hatte nachher wochenlang nicht mehr mit dem gesprochen, der ihn *berührt* hatte (aber er glaubte nun zu verstehen, was es mit der ständigen Mahnung der Vorgesetzten auf sich hatte: *Nicht berühren!*).

Einmal musste es wohl sein. Es war der *Initiationsritus*, wie er in Internaten, trotz aller Aufpasser und trotz aller Präfekten, üblich ist. Die Älteren weisen die Jüngeren ein. Jeder weiß es, aber keiner spricht darüber. Bei den meisten bleibt es eine Durchgangsphase und hört spätestens dann auf, wenn man – auch im Knabeninternat – erkennt, dass es zwei Geschlechter gibt. Gefährdet sind eigentlich nur die, die bleiben, gefährdet sind die Frommen, und nicht wenige von ihnen sind verwundet für ihr ganzes Leben.

Ludwig selbst war vierzehn, als in den Ferien das andere Geschlecht in sein Blickfeld trat. Damals dichtete er frei nach Schiller (*Hektors Abschied*):

All mein Sehnen möcht ich, all mein Denken, in ein stilles Mädchenherz versenken.

Es war eine zarte wunderschöne Kinderliebe. Als die Ferien zu Ende waren, sangen sie gemeinsam:

„Ich will's in meinem Herzen tragen. Du weißt wie gern ich bei dir bin. Drum will ich dir zum Abschied sagen: Ich hab dich so lieb."

Dass ein Priesterzögling ein Mädchen kennt (und sei es auch noch so klein), das allerdings wurde nicht geduldet. Der Direktor hatte an die Eltern geschrieben, sie möchten in den Ferien ein waches Auge auf ihren Sohn werfen. Der Herr Sohn habe bei den *„Kameraden"* von seinen „Liebesbedürfnissen" gesprochen, und da gebe es ein 13jähriges Mädchen namens Martha. Sein Neffe, der auch Zögling im Internat sei und vom ihm befragt wurde, habe ihm dies mitgeteilt.

Als Ludwigs Mutter den Brief des Direktors erhalten hatte, weinte sie. Wie war das doch mit dem König auf der anderen Talseite:

Noch fester schloss der König seine Lippen und sah hinüber in das Abendrot?

Später war Ludwig dann selbst Präfekt im Internat geworden ... Er überlegte, ob er aus den Fehlern seiner Vorgesetzten gelernt hatte. Eines wenigstens hatte er nicht getan. Er hatte keine Anstandsnoten verteilt. Er hatte seine Schüler auch nicht zu Wandervögeln erzogen, weder jenseits noch diesseits des Tales ...

Er war nicht Militärpfarrer geworden.

Gott bewahre! In seinem Leben war zwar bisher so gut wie nichts aufgegangen, aber er war nicht Militärpfarrer geworden. Er war nach Rom gerufen worden wie der Papst.

Römische Begegnungen

Ludwig hatte sich fast schon damit abgefunden, im Unterholz kriechend, neben dem Waldgasthaus zur Sauschütt bei der Suche nach Pilzen seine Tage zu verbringen. Der ausbleibende Regen hatte sein Leben verändert. Er war in Rom; nicht aus Liebe zum Papst, nur aus beruflichen Gründen.

Aus den programmierten drei Jahren waren fast zwanzig Jahre geworden. Für ein Drittel seines Lebens wurde er zum Römer. Er zweifelte allerdings, ob er es auch nur im Geringsten geworden war. Denn mit dem wirklichen, dem italienischen Rom, hatte er wenig zu tun, es sei denn mit seinem Fleischer, seinem Bäcker, seinem Gemüsemann auf der *Piazza Vittorio Emanuele.*

Vielleicht war er ja bis zu einem gewissen Grad ein *Deutschrömer* geworden. Deutschrömer sind in Rom lebende Menschen, die nirgends zu Hause sind. Darum suchen sie ein Stück Heimat bei anderen Deutschrömern.

Auch er suchte die Heimat. Er wurde enttäuscht. Er war Professor Emil S. begegnet.

„Ich habe keine Stilmöbel nötig", sagte Professor Emil, als er ihn besuchte.

Er war freundlich, und Ludwig glaubte, er sei ein Freund. Doch die ihn warnten, hatten recht. Rom hatte den Professor verdorben. Er war nicht ehrlich. Und es kam ihm der Gedanke: Kann man im kirchlichen Rom ehrlich sein?

Gott sei Dank gab es auch andere Begegnungen, die in der Erinnerung haften blieben.

Durch Jahre hindurch wurde er von Frau Andres, der Witwe des Dichters, zum abendlichen Symposium eingeladen. Dort lernte er Signora Jung kennen, der Theologie Doktor, weiblich, Autorin beliebter Rombücher und erzkatholisch. Sie war von *Papa Giovanni* getraut worden und war überzeugt, dass die Anklagen gegen Giulio Andreotti (von dem sie begeistert sprach) vom leibhaftigen Teufel ausgingen.

Eine andere Dame (auch ihr begegnete er bei einem solchen Symposium) rief Ludwig im Namen des Kardinals Stickler an:

„Schreiben Sie in einer deutschen Zeitung, dass den Präfekten der Vatikanischen Bibliothek die Kardinalswürde erhalten bleiben soll! Kardinal Stickler lässt darum bitten. Er ist entsetzt über die Maßnahmen der Modernisten im Vatikan, die dieses Privileg abschaffen wollen."

Überrascht war Ludwig von den Gesprächen mit anderen Funktionären der höchsten kirchlichen Behörde, der Kurie. Dass es bei der römischen Firma wie bei anderen

Betrieben sehr menschlich zuging und dass es den meisten Funktionären nur darum ging, Karriere zu machen, wusste er allerdings schon, seit er 30 Jahre zuvor Vorlesungen bei Pater Bernardus gehört hatte. Wie menschlich alles war, erfuhr er erst jetzt. Man sprach von Seilschaften, deren Mitglieder sich gegenseitig hochhievten (der Klerus liebte schon immer das Bergsteigen). Es gab Seilschaften auf nationaler Basis. Hinter anderen stand eine Gruppe, ein Orden oder eine „Kirche in der Kirche" (Clan- und Katakombenkirche) wie das *Opus Dei* und die *Legionäre Christi*. Auch von *homosexuellen Seilschaften* wurde gesprochen. In Rom mit seinen zahlreichen Klerikern, wo die Homosexualität in kirchlichen Kreisen eine alte Tradition besitzt (siehe Caravaggio!), nahm man dies zur Kenntnis, ohne sich allzu sehr aufzuregen. *Cosi è la vita.*

Freunde in Rom? Am Kulturinstitut, an dem er fünf Jahre arbeitete, hatte Ludwig einen guten Draht zum Direktor (*„Er mag nur den Petersen und Dich."* Ein Mitarbeiter). Allerdings hatte dies nur sehr akzidentell mit Rom zu tun. Deutscher ging es in Deutschland nirgends zu als am römischen Kulturinstitut *(Krawattenzwang, und helles Entsetzen, als ein altbayrischer Mitarbeiter, königlicher Sozialdemokrat, barfuß ging).*

Hier lernte er endlich die Deutsche Geschichte (Willem eins, Willem zwo) zwar nicht schätzen, aber kennen. Bisher hatten die Könige, mit denen er zu tun hatte, alle Max oder Ludwig geheißen (*„Um nicht unterschreiben zu müssen, wurde ich Freiherr!"* Das ist ein Wort, eines Königs würdig! Ludwig eins, der Dichter. Herrliche gottgewollte bayerische Erbmonarchie!)

Aber der Direktor war in Ordnung, auch wenn er Ludwig sein Fernbleiben wegen Kopfschmerzen an einem *Institutsabend* nicht verzieh *(Gewöhnen Sie sich die Kopfschmerzen ab!).* Aber sonst tutto a posto: Betrachten Sie mich als Ihren Beichtvater! Was wollte er mehr? Tatsächlich hörte er Ludwigs Probleme an, half ihm, ohne viele Worte, mehr als all die warmherzigen, verlogenen, diplomatischen, schmierigen, süßlichen Katholiken, die Ludwig in Rom traf, – er, der trockene, nüchterne deutsche Professor, der Protestant, der Ungläubige, der Preuße.

Auch der Historiker Helmut G. wurde Ludwigs Freund und blieb es nach seinem Ausscheiden aus dem Institut. Er war ein übriggebliebener Altliberaler *(die Gedanken sind frei)* und zehrte noch immer von seinem großen (Über)Vater.

Bei ihm war alles klar. Er hatte auch das Gottesproblem gelöst. „Wer hat der Kuh gesagt, dass sie gute Milch geben soll, damit wir uns daran freuen; wer hat dem Huhn gesagt, dass es Eier legen soll, und dem Baum, dass er Früchte tragen soll?" Alles ging auf, und das, obwohl er nicht katholisch und nicht einmal streng protestantisch, sondern „liberal" war.

Dass Helmut G. im hohen Alter ein Buch schreiben konnte, zu dem er ein Leben lang Zehntausende von Zetteln (in alten Schuhschachteln) gesammelt hatte, hat Ludwig ihm von Herzen gegönnt. Dabei war es gar nicht so einfach, das Buch unterzubringen. Dort, wo es eigentlich gedruckt werden sollte, ging es nicht. Die Änderungswünsche waren nicht erfüllbar:

"Sie nennen Mussolini in Ihrer Schrift einen Verbrecher. Wissen Sie nicht, dass Mussolini in der heutigen italienischen Geschichtsschreibung als bedeutende Persönlichkeit gilt. Höchstens von verbrecherischen Zügen könnte man sprechen."

Und dann die Mahnung, das Manuskript zu überarbeiten, und der Hinweis auf das gute Beispiel des Herrn W.:

"Auch Herrn W. (das war Ludwig) habe ich gebeten, einen eingereichten Artikel, dessen holpriges Deutsch für unsere Zeitschrift nicht zumutbar war, zu überarbeiten. Er hat sich dazu gleich zwei Mal (Pfui Teufel!) *bereitgefunden."*

Ludwigs Freund Helmut folgte nicht seinem Beispiel (er war nicht katholisch). Er gab sein Buch einem anderen Verlag und gab ihm den Titel *„Wider die Widersacher des freien Geistes"*.

„Später", erinnerte sich Ludwig, „habe ich an einem kirchlichen römischen Institut gearbeitet. Ich bin nicht heimisch geworden. Mehr als zehn Jahre arbeitete ich mit Professor O. Tür an Tür. Professor O. war eine gewichtige Persönlichkeit, gewichtig in jeder Hinsicht. Wegen seines Übergewichts war er überzeugt, dass er bald sterben werde. Er aß deswegen nicht weniger, aber er nahm Süßstoff statt Zucker zum Kaffee (zum Abmagern, sagte er)."

„Warum bin ich ihm nicht nahegekommen?", fragte sich Ludwig. „Verstanden haben wir uns nur, wenn wir uns gemeinsam über unsere Mitarbeiter ärgerten."

„Was soll man mit denen anfangen? *Che fare? Sono piccolo piccolo*", fragte Ludwig den Professor O.

„Anche io sono piccolo piccolo", sagte Professor O., was bei seiner Gewichtigkeit metaphorisch zu verstehen war. Sie verschworen sich und fassten Pläne für die Neuorganisation des Instituts. Sie gaben sich sogar für einige Tage das Du. Sie konnten deswegen das Institut nicht verändern.

„Um Gottes willen, nur keine Teamarbeit", sagte Professor O. Der Historiker ist am stärksten allein". Als Ludwig ihm zu verstehen gab, dass er das Institut verlassen würde, rief Professor O: *„Tu sei nato da noi"* (in der Tat hatte er einst seinem Orden angehört). *Devi restare!"*

Ludwig musste nicht bleiben. Dass er es solange in Rom ausgehalten hatte, daran war nicht Professor O. schuld, sondern seine Freunde vom Kulturinstitut und die deutschen Patres Adolf und Josef, die Polen Marian und Adam, der Spanier Emilio und der Belgier Jean, und vor allem natürlich der „Archivar".

Das Wiedersehen

Der Archivar hatte Theologie, Germanistik und Geschichte studiert, war Studienrat und schließlich Archivar geworden. Er zehrte noch immer von der Zeit seiner Studien an einer deutschen Universität. Doch was halfen die Staatsexamen, die er mit Bravour abgelegt hatte? Er war der Schule mit ihrem Alltag nicht gewachsen. Er war an der real existierenden Pädagogik gescheitert.

Dennoch: er, der *atypische Pater* (so sagte er von sich selbst), hatte, etwas zerknittert und beschädigt zwar, aber doch weithin heil und noch immer brauchbar, den Schiffbruch seiner Karriere überlebt, und war als Archivar seines Ordens nach Rom versetzt worden.

Der Archivar war gern in Rom. Manchmal dachte er an einen „Süddeutschen", den er vor vielen Jahren bei einem Studentenaustausch kennengelernt hatte. Er konnte wie alle Süddeutschen kein richtiges Deutsch. Dennoch hätte er ihn gern wiedergesehen ...

Ludwig begann seine Wohnung einzurichten. Es läutete. Als er öffnete, stand der Archivar vor der Tür.

„Darf ich hereinkommen?"

Ludwig erkannte ihn sofort. Seine Arme schienen noch länger geworden zu sein und seine Kaumuskeln bewegten sich noch immer, wenn er sprach. Unvermittelt war er aus der Vergangenheit aufgetaucht. Ludwig umarmte ihn auf römisch-katholische Art.

Ob die Rechnung aufgegangen sei, ob er mit dem Leben zufrieden sei?, fragte Ludwig ihn.

Wer sei schon zufrieden, sagte der Archivar. Er jedenfalls sei zum Epikureer geworden. Epikureer sein bedeute, kein Egoist zu sein.

„Die Egoisten kommen nie zur Ruhe. Sie arbeiten wie besessen an ihrem Ruhm und Nachruhm. Sie haben keine Zeit zu genießen und Feste zu feiern. Ich werde als kleine Notiz im *Annuario Pontificio* in die Unsterblichkeit eingehen. Dennoch kann ich sagen: Ich habe gelebt."

Könne man das von denen sagen, die für die Nachwelt die Nachschlagwerke bevölkerten? Im Übrigen, auch sie seien nicht *aere perennius,* also: unvergänglicher als Erz. Irgendwann nämlich werde die Welt zugrunde gehen. Warum also für den Nachruhm arbeiten?

Mag sein, dass er recht hat, dachte Ludwig. Wenn Epikureer sein heißt: ein Gourmet zu sein, er ist es. Ludwig wusste bereits, dass der ehemalige Student, den er vor dreißig Jahren bei einem Studentenaustausch kennengelernt hatte, in Rom nicht unbekannt war. Jeder kannte ihn, der einmal zu den „Partys" der deutschen *römischen Gemeinde* geladen war. Nicht nur bei den Empfängen des Botschafters am *Vatikan* und denen desjenigen am *Quirinal* gehöre er zum Inventar, auch auf das Auftreten bei so manchen Symposien *(Gesprächen mit Wein)* war er spezialisiert.

Sie machten es sich bei Rotwein aus den Albaner Bergen und Weißwein aus den etruskischen Höhen bei *Cerveteri* gemütlich und machten dort weiter, wo sie als Studenten begonnen hatten.

Ludwig bat ihn um seinen Rat. Er sei auf der Suche. Er sei ständig auf der Suche. Sein ganzes Leben sei er auf der Suche. Auf der Suche nach der verlegten Brille, nach den verlorenen Schlüsseln, auf der Suche nach Gott. Im Augenblick suche er eine Haushaltshilfe. „Ich kann meinen Sohn nicht allein lassen", sagte er, „solange ich im Institut arbeite."

„*Non c'è problema!*", sagte der Archivar. „Ich schicke Dir eine Dame. Sie singt an der Anima, an der deutschen Nationalkirche in Rom."

Seither wurde der Archivar, solange er in Rom wohnte, zu Ludwigs Begleiter. Er war sein Schatten, sein Über- und Unter-Ich, sein Duellant, sein Brainstormer und Ghostwriter, unentbehrlich und lästig in einem. Wenn Ludwig ihn in seinem römischen Konvent besuchte, kam er ihm seufzend entgegen, affengleich über das hölzerne Treppengewirr des Archivs kletternd, die Folianten zu beiden Seiten seines Weges zurechtrückend, sie sanft streichelnd. An seiner unentbehrlichen blauen

Krawatte zupfend, rief er: „Du kommst gerade recht!"
oder: „Warte auf mich, ich muss nur noch die *FAZ* und
den *Spiegel* kaufen!" oder aber: „Wir können heute
nicht in den Klostergarten. Ich habe Besuch."

Besuch hatte er häufig. „Weißt Du", sagte er, „ich
brauche einen Auslauf. Wie die Hühner, aber wie jene,
die noch scharren dürfen." Die Besuche machen es
möglich. Und der Chor der *Anima*, dessen männerstimmige Stütze er seit mehr als dreißig Jahren bildet.
Wenn er anschließend an die Chorproben in einer römischen *Osteria* saß, sah er seinen Bedarf an „Wein,
Weib und Gesang" gestillt.

Haushaltshilfe gesucht!

"Nehmen Sie Ihren Sohn ruhig mit nach Rom! Es findet sich schon jemand, der sich um ihn kümmert", hatte der Direktor beim Vorstellungsgespräch am Frankfurter Hauptbahnhof gesagt.

"Es ist gut, dass ich den Archivar kenne", dachte Ludwig. "Ich werde die Dame anrufen, die er mir empfohlen hat."

Dann kam sie. Dass sie sich zum Vorstellungsgespräch um eine Stunde verspätet hatte, trug nicht dazu bei, Ludwigs Vertrauen zu stärken. Er wusste noch nicht, dass derartige Verspätungen bei den römischen Verkehrsverhältnissen nicht aus dem Rahmen fallen. Er überlegte, ob er sich nicht nach einer anderen Dame umsehen solle. Schließlich vertraute er auf seinen Freund, den Archivar.

Die Bewerberin fing bei Ludwig an, und sie fuhren nicht schlecht mit einander. Vor allem überzeugte sie ihn, dass er ein Klavier kaufen müsse. Sein Sohn sei ungewöhnlich musikalisch. Er hatte zwar zuvor von dieser Begabung nichts gemerkt. Aber da zumindest seine Betreuerin musikalisch war und im Chor der deutschen Nationalkirche Maria *dell'Anima* sang, glaubte er ihr.

Er kaufte sich ein Klavier. Es steht jetzt in der Wohnung seines Sohnes, auch wenn der nicht allzu sehr über die Anfangskenntnisse des Klavierspielens hinauskam. Umso mehr kam das Klavier der Haushaltshilfe zugute.

„Kaum haben Sie morgens die Wohnung verlassen", sagte eine Hausbewohnerin, „fängt bei Ihnen das Klavier zu spielen an. Ihre Haushaltshilfe spielt und singt." Sie hat gut daran getan. Denn sie singt noch immer, an der Staatsoper in Wien. Und ab und zu lädt sie ihren ehemaligen kleinen Zögling, *doctor philosophiae* in Wien, dazu ein, ihr zuzuhören, wie damals, als sie für ihn ganz allein *„Schlafe, mein Prinzchen, schlaf ein!"* gesungen hatte.

Doch das war damals noch Zukunftsmusik. Die zukünftige Opernsängerin kündigte.

„Was soll ich tun?", fragte Ludwig den Archivar, „wenn ich meinen Sohn allein zu Hause lasse, isst er mir alle Spaghetti auf, die ich für das Abendessen bereitgestellt habe. Aus Hunger nach Liebe. Er hat schon Kummerspeck angelegt."

„Gib eine Annonce auf. Da du Süddeutscher bist, am besten in der *Süddeutschen Zeitung*. Ludwig folgte dem Rat. Er annoncierte:

„Wissenschaftler, Witwer, 48, mit neunjährigem Sohn, in Rom, sucht Haushaltshilfe."

Er gab seine Telefonnummer an. Er bekam 125 Anrufe von weiblichen Wesen im Alter zwischen 16 und 60 Jahren. Den ersten mitten in der Nacht von einer Dame, welcher der zuständige Redakteur, Drucker oder Setzer noch vor Erscheinen der Zeitung mitgeteilt hatte, wer wo gesucht wird. Sie sitze in München im Arabella-Hochhaus und sei sehr unglücklich, sagte sie.

Über dreißig Damen reichten eine ausführliche Bewerbung ein. Mindestens zehn wollten Ludwig heiraten, darunter eine Universitätsprofessorin, eine Offizierswitwe mit drei Häusern und zwei Autos, eine noch verheiratete Arztgattin, eine Dame mit Pferd ... Er überlegte, ob man das Pferd eventuell auf den Balkon stellen könne. Zwei der heiratslustigen Damen ließen es sich nicht nehmen, trotz seiner Absage persönlich nach Rom zu fliegen und ihn zu bestürmen. Es war vergebens ...

„Wie machen Sie's mit dem Sex?", fragte ihn eine 55jährige Berlinerin, fünf Minuten nachdem sie die Wohnung betreten hatte.

Er zögerte mit der Antwort. Sie wartete. Dann erblickte sie das Marienbild an der Wand, das der Vormieter, Mister Peter Hebblethwaite (auch er ein verheirateter Priester), zurückgelassen hatte.

„Ach, sie sind Madonnenverehrer", sagte sie. Das erklärte für sie alles, auch wenn Ludwig nicht der Papst war.

Es fehlte nicht an ernstgemeinten Angeboten. Aus ihnen suchte Ludwig drei heraus. Er traf sich mit den Bewerberinnen in München und gab schließlich einer seine Zusage. Nun musste er nur noch ihre Kündigungsfrist abwarten. Nach einem Monat war es soweit. Da zog die Erwählte ihre Zusage zurück. Sie fürchte, sie könne sich an ihn binden und ihre Freiheit verlieren.

Da war Ludwig nach so vielen Angeboten wieder so weit wie vor einem Monat. Er fragte den Archivar: „Was habe ich falsch gemacht?"

„Schreibe: *Deutsche Familie in Rom sucht Dame für Kinderbetreuung und Mithilfe im Haushalt. Angebote unter ...!*"

Ludwig schrieb, was ihm der Archivar empfahl. Da er in der Zwischenzeit wusste, dass die „Laufzeit" eines Briefes in Italien bis zu zwei Monate betrug, bat er eine Bekannte in München, die Bewerbungen in Empfang zu nehmen und zu öffnen. Sie fand eine Methode, den Postweg zu verkürzen. Sie gab die bei ihr eingegangenen Schreiben einem Flugkapitän der *Alitalia* mit. Der warf sie in Rom in den Briefkasten.

„Jetzt dauert es natürlich noch länger", sagte der Direktor, „das Problem ist nicht die lange Strecke, das Problem sind die römischen Postämter. Die Post aus Deutschland bleibt in Rom am Hauptpostamt und am Auslieferungspostamt im Durchschnitt je eine Woche liegen. Wenn man aber die Post in Rom einwirft, kommt das Einlieferungspostamt hinzu. Ergo, die Post braucht nicht zwei Wochen, sondern drei Wochen."

So geschah es. Als dann endlich 14 Bewerbungen bei Ludwig eintrafen, merkte er, dass auch auf den Scharfsinn des Archivars kein Verlass war. Die Annonce war wieder falsch formuliert. Ludwig war für die Bewerberinnen zwar kein zu begehrender Witwer mehr, aber er war nun eine *funktionierende Familie*. So meldeten sich denn vor allem emanzipierte Großmütter, die ein wenig Oma spielen und in ihrer Freizeit Rom erleben wollten. Eine dreiundsechzigjährige adlige Dame, ehemalige Schauspielerin, schrieb (und sie schrieb später noch drei Mal):

„Meine eigenen Kinder (ein Arzt, ein Rechtsanwalt, eine Lehrerin) sind versorgt. Gerne helfe ich Ihnen bei der Kinderbetreuung. Bitte, vermitteln Sie mir eine Rolle in einem Fellini-Film!"

Dass schließlich doch alles gut ging, hatte Ludwig einem Zufall zu verdanken. Eine Münchnerin, die in Perugia Italienisch studierte, war mit einer Woche Verspätung auf die Annonce gestoßen, hatte über die *Süddeutsche Zeitung* und Ludwigs Münchner Bekannte seine Telefonnummer erfahren und ihn noch eher erreicht als die aus München zugesandte Post. Ihre Stimme gefiel ihm, und als er sie eine Woche später sah, gefiel ihm nicht nur ihre Stimme. Für zwei Jahre war für ihn und seinen Sohn gesorgt.

„Sie ist ein Vollweib", sagte der Archivar, als er sie sah. Wie recht er doch hatte! Sie zeigte ihm vieles, was er bis dahin noch nicht wusste. Und so ein ganz klein wenig stellte er sich vor, wie es wäre, wenn er für sein ganzes Leben nicht mehr allein in einer leeren Wohnung zu sein bräuchte.

Einmal fuhren sie sogar zu dritt ans Meer, obwohl sich der Archivar das Baden seit Jahrzehnten abgewöhnt hatte Der Archivar trug, was er hatte, eine alte schwarze Turnhose, die ihm, nass geworden um die mageren Beine schlotterte, während sein bleicher Alabasterleib strahlte.

Wenigstens eine Fußnote ⎯⎯⎯⎯⎯⎯⎯⎯⎯⎯⎯⎯⎯⎯⎯

Solange Ludwig am Kulturinstitut arbeitete, fügte er sich in die deutsche Universitätskultur.

Er hatte sie schon bei Professor B., dem berühmten Historiker und Großordinarius, kennengelernt, der an ihm „einen Narren gefressen hatte" (Feststellung seiner Sekretärin, Fräulein Schmidt). Und der ihm noch kurz vor seinem Tod geschrieben hatte: „Sie waren mein bester Schüler". (Das kitzelte angenehm, half aber nicht). Und schon vorher: „Es ist eine Schande, dass Sie noch immer keinen Lehrstuhl *einnehmen*." Allerdings wusste Ludwig nicht so recht, ob es für ihn oder für den Professor eine Schande war.

Denn Professor B. verstand es, sich Feinde zu machen. Und so standen seine Schüler nach seinem Abgang vor verschlossenen Türen. Ja, es gab geradezu eine Sippenhaft für die Schüler des Professors B. (und deren Zahl war groß wie der Sand am Meer). Was blieb ihnen anderes übrig, als ihn schließlich zu verraten, mochten sie ihm noch so oft zur späten Stunde mit Blick auf seinen Nachfolger versichert haben: „Dein Arsch ist mir lieber als dem sein Gesicht." Wenn es um die Karriere ging, war es gleichgültig, wohin man kroch.

Dazu kam, dass sich Professor B. mit den katholischen Seilschaften überworfen hatte. Den Kirchenhistorikern traute er nichts Gutes zu. *„Black kills black"*, sagte er 1968, als ein armer Benediktiner die Prüfung in Kirchengeschichte nicht bestand. Noch schlimmer als die Kirchenhistoriker erschien ihm die *Görresgesellschaft*. Und die war personifiziert durch eine wahrhaft eiserne Jungfrau, die beim Morgengrauen auf ihrem edlen Ross – ein wahrer weiblicher Don Quijote – begleitet von ihrem Assistenten, durch den Englischen Garten ritt (sie ging solange zum Reiten, bis ihr etwas brach). Professor B. mochte sie nicht. Wen mochte er schon? Das Problem war nur, dass Ludwig bei ihr seine Scheine gemacht hatte und darum bei ihr eine Prüfung machen musste. Professor B. schickte sich drein: „Sie sind ein alter Hase. Sie werden die Dame schon becircen. Wenn es nicht reicht, kann ich nachhelfen."

Damit allerdings war die Protektion durch B. beendet. Ludwig gehörte fortan, wie es hieß, „zu den armen verlassenen Waisenkindern des Professors B".

Später wurde er selbst zum Protektor. Er wurde gewürdigt, die Riten der Universität mitzuvollziehen, wenigstens *indirekt*. Er durfte Gutachten verfassen und bekam sogar höchst offiziell von Staatswegen dafür etwas gezahlt (symbolische Summe, minus 20% Überweisungsgebühr).

Der Höhepunkt seines deutschen Universitätslebens

war es, als bei einer Historikertagung ein Herr, wild gestikulierend, auf ihn zukam, ihm laut schnaufend beide Hände drückte und unter heftigen Zuckungen hervorstieß: „Danke, wir haben's geschafft! Ich hab' die Stellung bekommen". Dann ein Blick, ein Zögern, ein Stottern: „Sie sind doch Herr W.?!" „Sicher", erwiderte Ludwig, „nur der, den Sie meinen, hat hinten ein einfaches S." Der Herr Ordinarius – denn das war er seit kurzem – wurde über und über rot und entschwand. Merkwürdig war nur, dass er bei einer späteren Tagung erneut auf Ludwig zustürmte und voll feuchter Wärme seine Hände schüttelte.

All dies kannte Ludwig schon. Doch was er bisher nicht kannte, war die Spitze der Universitätskultur. Der Direktor des deutschen Kulturinstituts in Rom machte es ihm klar: „Es gibt für den deutschen Wissenschaftler, zumal den Historiker, etwas, was mehr zählt als Geld, mehr selbst als die Karriere. Das Ziel des wahren deutschen Wissenschaftlers ist es, eine Fußnote zu werden. Damit ist seine Sehnsucht nach Ewigkeit gestillt."

Die Sehnsucht nach Ewigkeit war ihm nichts Fremdes. Davon hatte er schon beim Studium der Theologie gehört. Und sein Freund Helmut hatte ihm gesagt: „Daher kommt es, dass die Religionen nie aussterben werden."

Dennoch war ihm neu, was ihm der Direktor erklärte. Doch er zögerte nicht, sich seine Lehren zu Eigen zu machen.

„Bei den Historikern, die sich von Berufs wegen mit dem Vergangenen, und also mit dem Vergänglichen beschäftigen", sagte der Direktor, „ist die Lust nach Ewigkeit besonders ausgeprägt. Das mit den Religionen ist ihnen allerdings nicht sicher genug. Es fehlen stichhaltige Quellen, die Auskunft über das jenseitige Fortleben geben. So basteln sie an ihrer irdischen Ewigkeit. Dazu bedürfen sie nicht der Gebet- und Andachtsbücher, sondern der Zettelkästen und Aktenordner – ja keine Computerdisketten oder CD-ROM, denn was nützen so zerbrechliche Gegenstände für die Ewigkeit? Hammurabi hat seine Gesetze ja auch nicht auf Computerdisketten gemeißelt."

„Ich habe noch keinen Historiker getroffen, und sei er auch noch so unbedeutend und drittrangig", setzte der Direktor seine Belehrung fort, „der nicht irgendwo im Gefilde seiner papierenen Studierzimmerlandschaft wohlbehütet die Aktenordner seiner persönlichen Ewigkeit und seiner persönlichen Legende aufbewahrt, in die er sorgfältig Blatt für Blatt, seine Sonderdrucke, seine Entwürfe, seine unveröffentlichten Manuskripte und seine Korrespondenz abheftet, wohl gemerkt seine ganze Korrespondenz, auch die Kopien der Briefe, die er selbst geschrieben hat, und das nicht erst, seitdem das Kopieren mit einem Fingerdruck möglich ist. Gerade die selbstgeschriebenen Briefe, die in selbstgebastelten Schachteln abgelegt werden, eignen sich vorzüglich für den Entwurf der Ewigkeit. Einmal, so hoffen sie, werden all diese *Dokumente* in einem staatlichen Archiv, besser noch in der Handschriftenabteilung einer Staats- oder Universitätsbibliothek oder gar, was sie zitternd zu ersehen wagen, in der eigenen Sammlung in der eigenen Stiftung mit dem eigenen Namen, sorgfältig registriert und von hauptamtlichen Archivaren und Sekretärinnen mit Argusaugen bewacht, für ewige Zeiten der Nachwelt zur Verfügung stehen. Und wenn auch die meisten Historiker in der innersten Seele am Erfolg ihrer Bemühungen zweifeln und nicht so recht an ein ewiges Fortleben ihrer Werke *aere perennius* glauben, einen Wunsch haben sie allemal: weiterzuleben als Fußnote."

Ludwig dankte dem Direktor für seine Belehrung. Auch wenn er ein wenig zweifelte, ob die Rechnung wirklich aufgehen würde, so hegte doch auch er den Wunsch, eine Fußnote zu werden, weil er ja Historiker war. Und darum machte er es, wie alle Historiker – aber vielleicht sind es nicht nur die Historiker; – er wartete auf Rezensionen und ärgerte sich, wenn es sich um Verrisse handelt, wobei ein halbseitiger Verriss in der *FAZ* immer noch einem Lob in der Zeitschrift „*Theologisches*" vorzuziehen war. Doch er wartete nicht nur auf Rezensionen, auch wenn er es ganz für sich behielt und es keinem Menschen sagte – denn darüber ist ein *anerkannter Gelehrter* erhaben – er durchsuchte Lexika und Register, las die Texte und vor allem die Fußnoten historischer Bücher, um *seinen* Namen, *seine* Werke zu finden. Die Fußnoten sind der Spiegel, in dem er in seinem historischen Narzissmus all seine Nacktheit und Verwundbarkeit bewundern konnte.

Wissenschaftlich nannte man dies ja heute „Rückmeldung", und Rückmeldungen sind etwas Gutes. Nur sollten sie nicht verstümmelt sein. Zumindest sein Urheberrecht sollte geschützt sein. Da hatte doch so ein Kerl von ihm abgeschrieben, einen Satz sogar wörtlich.

Ludwig wollte deswegen keine Klage erheben wegen Plagiats, aber Werbung für sein Buch hätte der Kerl schon machen können, wenn er ihn (seine innersten Eingeweide und sein Hirn) schon so schamlos ausschlachtete.

Im Übrigen, was hätte er tun sollen, als ihm ein deutscher Universitätsprofessor – der ihm dennoch ein lieber Freund war – sagte: „Ich habe natürlich vor allem deine Arbeit benützt, das ist dir doch recht." Er hatte geantwortet: „Sehr recht sogar!"

Und was hätte er tun sollen, als der Professor wortwörtlich in seinem Vortrag das zum Besten gab, was er vor dreißig Jahren geschrieben hatte, mit all den Irrtümern des Anfängers und in seinem damaligen an Schiller geschulten Stil, und als ihm dann auch noch sein Nachbar zuflüsterte: „Ein schwacher Vortrag!" Was hätte er tun sollen?

Dann gab es noch die verstümmelten, nein, die *verfremdeten Rückmeldungen*. Gegen die konnte auch ein Plagiatsprozess nichts erreichen, auf die konnte er sogar stolz sein, auch wenn er sich dachte: „Wenigstens eine Fußnote wäre ich wert gewesen!"

Aber die Fußnoten sind bei solchen Rückmeldungen nicht üblich. Es handelt sich um Literatur! Ihm, dem „Meister des historischen Erzählens" (so nicht ohne hämische Nebengedanken ein Rezensent, der ein *Meister sozialhistorischer Raster* war), ihm war es gelungen, die Dichter zu inspirieren. Er las einen Roman und noch einen. Was er las, kannte er schon. Es stand im siebten Kapitel seiner Doktorarbeit (dem berühmten siebten Kapitel!), nachdem es zuvor hundert Jahre lang in kirchlichen Archiven geschlummert hatte.

Die Geschichte vom *„Geheimnis im Geheimnis"*, die Geschichte jener Seherin, die sich zur „Sühne für das Lustleben der Menschheit" mit zwei frommen Priestern ins Bett legte, hatte es den Dichtern angetan ..., und sie waren voll Enthusiasmus, auch wenn es sich, wie er, streng wissenschaftlich, in Fußnote 297 eingeschränkt hatte, vielleicht doch nur um das Küssen des frommen Leibes und der frommen Brüste der Seherin gehandelt hatte.

_____ Von historischen Gattungen

Vor Jahren hatte Ludwig die „literarischen Gattungen" kennen gelernt. Jetzt lernte er die „historischen Gattungen" kennen, eigentlich müsste man ja sagen, die Schulen der Historiker, als da sind die „Görresmenschen" und ihre Gegner, die „Bielefelder". Daneben die fast ausgestorbenen Schnabelschüler, Tellenbacher, Boslianer und Spindlianer, sowie die sozialdemokratischen Historiker, die man sofort an ihrem verbissenen Gesichtsausdruck erkennt. Sie sind konservativ, weil sie noch immer an die „Modernisierung" glauben.

„Wenn alle vom Ende der Geschichte reden, ich werde das Wort ‚Fortschritt' jetzt erst recht gebrauchen", sagte ihm einer von ihnen.

Mag sein, dass auch unter den Kirchenhistorikern in den letzten Jahre eine besondere Gattung heranwächst, die „Wolfianer" oder einfach „das Rudel", ... mag sein. Man nennt sie „die schwäbische Mafia".

Er selbst war – allen üblen Nachreden zum Trotz – noch immer ein übriggebliebener Boslianer und gehöre daher nirgendwo hin, weder zu den *Görresmenschen* – obwohl er ihrer Gesellschaft als zahlendes Mitglied beitrat – noch zu den *Bielefeldern*. Aber man duldete ihn hier und dort ... mehr oder weniger, sodass er es schließlich zu einer Miszelle im „Historischen Jahrbuch" und zu einer Rezension im „Archiv für Sozialgeschichte" brachte, und zwar gleich hinter einem „Bielefelder".

Einmal besuchte ihn sogar ein „Bielefelder" in seiner römischen Wohnung.

Ein „Bielefelder", der etwas auf sich hält, ist bis heute in inniger Hassliebe mit dem preußisch-deutschen Kaiserreich verbunden. Er zeichnet sich aus durch reichliche Unkenntnis des Katholischen, über das er viel zu erzählen weiß. Er ist überzeugt, dass die wahren Katholiken – auch Exoten genannt – in allen Dingen dem Papst gehorchen. Tun sie das nicht, dann ist zu hoffen, dass sie den Weg zum deutschen liberalen Protestantismus des 19. Jahrhunderts zu Ende gehen (so stand es übrigens in der *FAZ*).

Allerdings gibt es auch mutierte Bielefelder. Der „Bielefelder", den Ludwig kennenlernte, gehörte der zweiten mutierten Generation an.

Er war verliebt in die Katholiken. Ihre „Subkultur" hatte es ihm angetan. Je exotischer, umso besser. Am Ende der Unterhaltung mit ihm war Ludwigs Selbstachtung gestiegen. Er kam sich vor wie ein Exemplar einer längst ausgestorbenen Spezies.

„Ich werde ein Buch schreiben: *Der Kulturkampf als*

Kampf der Geschlechter. Sie kennen hierzu sicher die neueste angelsächsische Literatur", sagte der Bielefelder.

„Ein interessantes Raster. Äußerst innovativ", antwortete Ludwig.

Die *Görresmenschen* luden Ludwig, nachdem er alt und reif genug war, in ihre Zentrale ein, von der sein Lehrer an der Münchner Universität einst nur mit Abscheu gesprochen hatte. Ludwig konnte ihm nicht beipflichten. Denn die Görresmenschen, wenigstens so weit sie sich in Bayern aufhalten, verstehen zu leben. Man redete geistreich, der Schweinebraten schmeckte zart und saftig, die Kartoffelknödel dampften und das Weißbier, ja das Weißbier war ... bayrisch.

Für einige Tage vergaß Ludwig Rom und die *Pasta asciuta*.

Er fragte einen bayrischen Historiker und Görresmenschen, was er von den „Bielefeldern" halte.

„Wos di song, is uns wurrscht," antwortete der, *„mir worn scho do, wos die no net gemm hot. Und mir samma no imma do, wons di nimma giibt."*

„Prost!", sagte Ludwig.

Manche Historiker jedoch entziehen sich jeder Einordnung. Einer dieser Einzelgänger, ein mutierter Görresmensch, ist Ludwigs Freund Delius. Ludwig traf ihn im Vatikanischen Dachgarten, der sich vom Vatikanischen Archiv zur Vatikanischen Bibliothek erstreckt.

Er lud ihn zu seinem Vatikanischen *Fast Food* im Café hinter der Bibliothek ein.

Ein *Pannino* (belegtes Brötchen) und ein Becher *Aranciata* (Orangensaft) kam aus dem Automaten, für jeden von beiden.

„Mein Mittagessen", sagte er. „Sie wissen ja, wir haben wenig Zeit zum Essen. Wir müssen arbeiten, weil wir nicht mehr lange leben."

Dabei war er zehn Jahre jünger als Ludwig und hatte mehr als doppelt so viele Bücher geschrieben.

Dennoch, Ludwig bewunderte ihn, auch wenn er seit der Schlacht von Königgrätz, oder war es die von Leuthen, verwundet ist, – verwundet in seinen religiösen Gefühlen. Einer seiner Vorfahren hatte das österreichische Heer angeführt. Die protestantischen Preußen schossen schneller, denn sie hatten ja das Zündnadelgewehr erfunden. Nach wohlgetaner Schlacht war das Schlachtfeld übersät von toten katholischen Österreichern. Die Preußen – die Protestanten – sangen:

„Nun danket alle Gott, mit Herzen, Mund und Händen,
der große Wunder tut hier und an allen Enden!"

„Und stellen Sie sich vor", sagte Ludwigs Freund Delius, „jetzt singen die Katholiken diesen Choral."

Von Katzen und Göttern

Ludwig besuchte fast täglich zur Mittagszeit den Archivar im nahen Kloster. So auch an diesem Tag.

Der Archivar fuhr den Computer herunter, mühsam und nicht ohne Hilfe der italienischen Sekretärin. Er stammelte, wie immer um diese Zeit: „Das Leben ist anders!" Er sah auf die Uhr und murmelte: „Wie spät haben wir?" Er schloss, wie immer um diese Zeit, die Aktenordner auf seinem Schreibtisch.

Beide gingen in den Klostergarten Es war genau 12 Uhr 45. Die Klosterkatze – sie war klein und grau – miaute und wälzte sich auf dem Gartenweg vor dem Archivar.

„Arme zölibatäre Katze!", sagte der Archivar.

Sie begannen ihren alltäglichen Spaziergang durch den Klostergarten. Die Katze begleitete sie. Der Archivar öffnete seinen Karpfenmund.

„Weißt Du!" Mit diesem Worten begann er stets. „Weißt Du!" sagte er, „was die Katze denkt?"

„Sie möchte, dass Du sie begattest!"

„Gewiss, das auch, aber ich meine etwas anderes – es hat mit Religion zu tun."

„Und ...?", fragte Ludwig.

„Für die Katze sind wir die Götter! Sie erwartet alles von uns und zittert dennoch vor Angst."

„Mysterium tremendum et fascinosum!", sagte Ludwig.

„Richtig, Rudolf Otto – und vergiss nicht die Graugänse von Konrad Lorenz!"

Die Katze miaute. Sie schwamm noch immer hinter den im Klostergarten herumwandelnden Philosophen her ...

Der Archivar bewegte heftig seine Kaumuskeln und gestikulierte mit seinen langen Affenarmen. Er war bei seinem Lieblingsthema angelangt. Es hatte mit der Entstehung der Religionen zu tun und mit der Entstehung der Arten. Seit zehn Jahren, immer im Klostergarten, immer um diese Zeit, diskutierten sie dieses Thema. Alles war schon längst zu Ende gedacht. Ludwig warf dem Archivar die Stichworte zu. Er wusste, was der antworten würde – die Antworten waren immer die gleichen wie im alten Katechismus:

Religion
„Die eine Wahrheit und die vielen Religionen. Geht nicht zusammen."

Religionsstifter
„Alle Religionen vergotten ihre Stifter."

Jesus Christus!
„Armer Kerl. Er hat's probiert. Ist gescheitert."

Kirche
„Eine Mutter, die ihre Kinder nicht hergeben will. Sie will, dass sie unmündig bleiben."

Papst Ratzinger
„Sohn eines Polizisten. Leidet darunter, dass er noch nie ein echtes Wunder erlebte."

Der Heilige Geist
„Eine Taube. Wird von der Kirche im Käfig gehalten. Darf nicht raus."

Padre Pio
„Blödsinn."

Charismatische Bewegung
„Biologie – kompensierter Sex."

Mystik
„Du bist auch so ein verkappter Mystiker! Wenn ich das Bedürfnis nach Mystik habe, lese ich Hugo von Hofmannsthal."

Katholische Orden
„Männerbünde, viel zu viele Kinderschänder ..."

Theologie
„Fromme Poesie – wenigstens soweit es sich um Dogmatik handelt; sie gehört zur Ästhetik. Die Ethik hingegen betrifft die Moraltheologie und überhaupt die praktischen theologischen Fächer. Die historischen theologischen Fächer sind die einzig wissenschaftlichen. Sie haben mit dem *noein*, mit dem Erkennen, zu tun.

Damit nahm das Gespräch die Wende zum zweiten Thema. Auch hier war alles *repetitio*. Es ging um die Philosophie, von ganz vorne, von der ersten Seite der Einteilung, – oder Dreiteilung des Philosophischen an. Hier einige „philosophische Stichwörter" ihrer ewigen Gespräche:

Die eine Philosophie und die vielen Philosophien
„Verschiebung des Wahrheitsproblems von der theologischen auf die philosophische Ebene."

Bedeutendster Philosoph des 20. Jahrhunderts?
„Mach."

Des 19. Jahrhunderts?
„Tréndelenburg."

Wer?
„Tréndelenburg. Du kennst ihn nicht?! Der Akzent liegt auf dem ersten e!"

Schelling
„Ein Spinner. Hab' noch nichts von ihm gelesen."

Hegel
„Ein verkappter Theologe."

Heidegger
„Auch ein verkappter Theologe."

Das Sein
„Befindet sich oben links. Ansonsten der allgemeinste Begriff."

Sinn der Philosophie
„Ordnung herstellen."

Ehe sie zur Germanistik übergingen, einschließlich der persönlichen Begegnungen des Archivars mit Paul Celan, Peter Handke und Ingeborg Bachmann *(mit ihr habe ich über die Deutschen gestritten, kurz bevor sie im Bett verbrannte, kennst du ihre schreckliche philosophische Dissertation?, und nicht zu vergessen, wenn auch nicht so bekannt, Walter Höllerer: er hat mich im Auto mitgenommen)*, da war unsere Gartenzeit abgelaufen.

„Ich muss rein. Zeit zum Mittagessen, ciao bis morgen!"

Zurück blieb Ludwig mit der Klosterkatze. Sie wartete noch immer auf einen Kater.

Neue Katzengeschichten

„Selene – hörst Du, wie silbrig das klingt, dagegen das schauerliche moon", erklärte Ludwig dem Archivar, als sie wieder einmal, begleitet von der Klosterkatze, im Klostergarten hin- und her wandelnd philosophierten.

„Blödsinn", sagte der Archivar (Blödsinn war eines seiner Lieblingswörter). „Vom Wortklang darfst du nicht ausgehen. Du kennst doch den Unterschied zwischen *,il cazzo'* und *,die Katze'.*"

Es war nicht das erste Mal, dass sie bei ihren Gesprächen bei dieser Feststellung angelangt waren. Sie stellte eine Art Weichenstellung dar. Es kam ganz darauf an, bei welchem der beiden Begriffe sie ihre Assoziationen weiterspannen. Diesmal wandten sie sich dem Volk der Katzen zu.

„Ich habe Katzen nach Rom getragen", sagte Ludwig. „Wer Rom und seine Katzen kennt, weiß, was ich meine."

„Richtig", sagte der Archivar. „Doch eigentlich hast du ja nur *eine* Katze nach Rom getragen, genauer: überhaupt keine Katze, sondern einen Kater …"

„Einen bayerischen Kater, der – weil mein Sohn es so wollte – auf den Namen ‚Zorro' hörte. Ich bin fest überzeugt, dass seither durch die Adern nicht weniger römischer Katzen bayrisches Blut fließt."

„Ich weiß", sagte der Archivar, „ich hatte das Glück, ihn kennenzulernen. Er war ein Herrscher, der keinen römischen Kater in die Nähe kommen ließ. Und so lebte und liebte er noch zwei Jahre in Rom – bis zu seinem frühen Ende. Du sagtest, dass er vergiftet worden sei."

„Ja, so war es. Krank und elend schlich er sich nach Hause. Doch es hielt ihn nicht in den vier Wänden. Er ging wieder und kehrte nicht mehr zurück. Ein bayrisches Katzenschicksal in Rom ..."

„Amen", sagte der Archivar.

„Du bist nur neidig, weil Du keinen bayerischen Kater hattest", sagte Ludwig.

„Neidisch", verbesserte ihn der Archivar, der damit zu erkennen gab, dass er in tiefster Seele Lehrer geblieben war. Dann fügte er hinzu:

„Ihr Süddeutschen könnt kein richtiges Deutsch. Das kommt davon her, dass ihr im Grunde Romanen seid. Ihr dehnt die Vokale vor doppelten Konsonanten. Ihr sagt ‚Doonerstag'."

„Neidig oder neidisch", antwortete Ludwig. „Auf jeden Fall bleibt eure Klosterkatze weit hinter Zorro zurück, der aus dem Land der Wälder und der Denker kam."

„Das stimmt nicht. Sieh sie dir an, wie sie dort sitzt in der römischen Abendsonne. Wie ein ägyptische Gottheit, aus Stein gemeißelt."

In diesem Augenblick betrat Pater Alvaro, Theologieprofessor und Hobbygärtner, den Garten. Blitzartig sprang die ägyptische Gottheit in die Höhe und rannte davon.

„Der Katzenteufel", sagte der Archivar...

„Wer?"

„Der Katzenteufel. An der Katze studiere ich die Entstehung der Religionen ... Pater Alvaro verjagt sie und wirft mit Steinen nach ihr. So ähnlich erging es den Naturvölkern angesichts der Naturgewalten. Sie machten aus ihnen Dämonen und Teufel."

„Und Alvaro ist für die Katze eine Naturgewalt?"

„Ja. Er ist für die Katze der Teufel."

„Und Gott?", fragte Ludwig.

„Gott ... der bin ich. Doch die Katze hat nicht nur *einen* Gott. Der Polytheismus ist logischer als der Monotheismus. Darum hat die Katze mehrere Götter. Sie hat mich und den Pater Josef."

„Und was ist mit mir?", fragte Ludwig weiter.

„Wir sind für die Katze immer da. Du bist nicht immer da!" sagte der Archivar, „außerdem fütterst du sie nicht wie Pater Josef und ich. Du bist für die Katze, weil sie dich bei mir sieht, höchstens ein Halbgott, ein Zwischenwesen ..."

In diesem Augenblick verkroch sich die Katze im Blumenbeet.

Als sie wieder zum Vorschein kam, konnte man sehen, dass sie einem uralten Sauberkeitsbedürfnis der Katzheit nachkam. Leider war es mit Nebenwirkungen verbunden ... Sie scharrte die Blumen aus, die Pater Alvaro gepflanzt hatte. Der hatte inzwischen begonnen, mit dem Gartenschlauch die Pflanzen zu gießen ...

Dann erlebte Ludwig im Klostergarten zu Rom den Kampf der Götter und Dämonen. Es war wie in der griechischen Mythologie. Der Dämon zuckte seinen Gartenschlauch. Ein dicker Wasserstrahl ergoss sich über die Katze. Da, mit einem Mal, erwachte der Gott, seiner Entmythologisierung zum Archivar nicht mehr gedenkend. Er entriss dem Dämon den Gartenschlauch und richtete ihn wider ihn. Der Professor der Theologie stand im Klostergarten und tropfte.

Gerade in diesem Augenblick trat der Generalobere des Ordens in den Garten: „Was macht ihr denn da?", sagte er.

Ludwig zog sich in aller Stille aus dem Klostergarten zurück.

Haben Sie schon geschmiert?

„Wir sind Tiere", sagte der Archivar. „Und je älter wir werden, um so mehr werden wir Tiere. Schau dich nackt an, deine faltige Haut und die Haare, die uns überall herauswachsen."

Der Archivar war bei seinem Lieblingsthema angelangt. Ludwig wollte ihm recht geben. Er dachte an den Nacktbadestrand. Es war zum Abgewöhnen, ein Argument für den Zölibat. Früher hatte er sich über die alten Frauen und Männer gewundert, die ihre körperlichen Gebrechen, ihre Bäuche und Falten, ihre Hängebusen und schlappen Zeugungsorgane, ihre ganze irdische Vergänglichkeit zur Schau stellten. In der Zwischenzeit war er zur Einsicht gekommen, dass es keine bessere Methode gab, das *Memento mori* zu predigen. Am Nacktbadestrand musste er ans Sterben denken, an Krankenhäuser, Intensivstationen, an Leichenwäsche, an die Anatomie, an das Krematorium ...

Er wollte all dies dem Archivar sagen. Doch dann fiel ihm ein, dass der das vielleicht nicht verstehen würde. Der Archivar ging nicht an den Nacktbadestrand, nicht nur weil es in Italien verboten war und die Polizei mit

Schäferhunden Jagd auf die Badenden machte, er badete überhaupt nicht, aus Prinzip.

Doch der Archivar war schon bei einem anderen Thema.

Wie er das nur macht? Er redete und ruderte dabei plötzlich so heftig mit den Armen, dass die Klosterkatze, die bis dahin stumm zugehört hatte, erschreckt zusammenfuhr ...

Er wechselte erneut das Thema. „Du hast mir noch gar nicht erzählt, wie es Dir mit deinem ‚Hausrat' ergangen ist", sagte er.

Ludwig erzählte es ihm. Auch die Geschichte von dem Herrn Costantini, der „geschmiert" werden musste, damit der Umzug ohne Zollprobleme vonstatten ging ...

Damit war das Hauptthema des Tages erreicht. Es war ein italienisches Thema. Seit Monaten las man nichts anderes in den Zeitungen. Nachdem Staat und Wirtschaft bis in ihre höchsten Spitzen hinauf korrupt geworden waren, war es zu einer wahren Revolution junger Richter und Staatsanwälte gekommen. Eine Gruppe von Staatsanwälten trat an, der Korruption ein Ende zu bereiten. Der Mailänder *Pool* der Staatsanwälte wurde unter dem Namen mani pulite (saubere Hände) in ganz Italien bekannt. Prozesse reihten sich an Prozesse – doch obwohl noch lange nicht alles aufgearbeitet war, schienen die letzten Vorgänge nahezulegen, dass der Rückweg angetreten wurde. Gerichtsentscheidungen gegen Politiker wurden in Berufungsverfahren für ungültig erklärt, sogenannte „politische

Lösungen" und Amnestien sollten an die Stelle des Strafrechts treten.

Sie tauschten ihre Kenntnisse aus. Der Archivar wusste alles, was im *Spiegel* stand. Ludwig berief sich auf eine Sendung von *RAI UNO*. Dass er fast sein ganzes Wissen aus dem ultralinken *Manifesto* hatte, sagte er dem Archivar nicht. Der Archivar war Antikommunist, aus Prinzip, und legte Wert darauf, seine Briefwahlunterlagen rechtzeitig zu bekommen. Er wählte die CDU. Das war ihm wichtiger als jeder Glaubenssatz.

„Fast scheint es", sagte Ludwig, „dass Giulio Andreotti nun doch recht behält. Er hat zu Beginn der Korruptionsprozesse erklärt, er verstehe nicht, was man eigentlich wolle, die Korruption gehöre nun einmal zum politischen System in Italien. Ohne sie würde alles zusammenbrechen."

„Im Alltag hat sich jedenfalls durch *mani pulite* nichts geändert", sagte der Archivar. „Wir brauchten ein Gerüst, weil wir die Außenfront unseres Hauses streichen lassen mussten. Du weißt ja, der Papst und der Bürgermeister wollen zum Jahr 2000 ein schönes Rom. Wir mussten nicht nur das Aufstellen des Gerüsts und die Kosten für die Dauer der Aufstellung, dazu bei der Gemeinde die Gebühr für die Genehmigung der Aufstellung zahlen, sondern zusätzlich eine genau festgelegte Summe Schmiergeld."

„Ich weiß", sagte Ludwig, „das Schmieren gehört zum System. Es gibt feste Sätze. Die Schmiergelder werden nach einem bestimmten Schlüssel aufgeteilt. Mein

Freund Helmut hat mir erzählt, jeder, der die Befreiung vom Militärdienst oder auch nur einen Telefonanschluss erwartet, erreicht fast alles, wenn er die festgelegte Summe – und ein bisschen mehr – beim Händeschütteln weiterreicht."

„Das sind die Spiele der Erwachsenen", sagte der Archivar (er sagte es täglich). „Da man auf solche Weise bald und sicher zum Ziel kommt, passt sich der Ausländer schnell an ... Übrigens, auch wer in Rom selig werden will, muss ans Schmieren denken."

„Ich weiß", sagte Ludwig, „daran hat Pater Timotheus nicht gedacht!"

„Wer?", fragte der Archivar.

„Pater Timotheus. Er wohnte im Kloster an der Via Eudes. Pater Timotheus war nach Rom berufen worden, um die Seligsprechung seines Gründers zu betreiben. Doch obwohl er innerhalb von mehr als zehn Jahren mehrere tausend Seiten mit Zeugnissen der Heiligkeit zusammengetragen hatte, wollte die Sache nicht so recht vorangehen und auch das vorgeschriebene Wunder klappte nicht. Ich versuchte Pater Timotheus zu trösten. Dabei fiel mir ein, dass ich bei einem früheren Romaufenthalt einen holländischen Theologen kennen gelernt hatte. Er war Konsultor bei der Heiligsprechungskongregation."

„Ich kenne ihn", sagte der Archivar. „Er hat einen verzwickten Heiligsprechungsprozess glücklich zu Ende geführt, weil er gut schmierte."

„Richtig", sagte Ludwig, „und so begab auch ich mich mit Pater Timotheus zu dem Theologen. Er empfing uns hinter einer dichten Rauchwolke, die von seiner Zigarre aufstieg. Wir nahmen vor seinem Schreibtisch Platz. Pater Timotheus brachte sein Anliegen vor. Der Theologe schaute ihn prüfend an, zog an seiner Zigarre und blies blaue Ringe in die Luft. Dann sagte er: ‚Haben Sie schon geschmiert?'."

„Ob dann noch etwas gesprochen wurde", fuhr Ludwig fort, „habe ich vergessen. Ich weiß nur noch, dass Pater Timotheus mit hochrotem Kopf das Zimmer verließ und murmelte: ‚Das mach ich nicht. Ich bin ein Deutscher. Ein Deutscher macht so etwas nicht. Dann soll unser Gründer eben nicht selig werden'."

„Er kannte eben Rom noch nicht", sagte der Archivar.

Auf der Via Merulana

Ludwig war umgezogen. Er wohnte jetzt in der *Via Merulana*. Die Straße ist weltberühmt geworden durch eine „gar schreckliche Bescherung", auch wenn dieselbe sich nicht in der Wirklichkeit, sondern in einem Roman abgespielt hat. An den Roman und seinen Verfasser erinnert eine Tafel an einer Hauswand:

„Diese Straße inspirierte Carlo Emilio Gadda, als er über das lebensvolle Dasein und schmerzvolle Geschick der Menschen in Rom zwischen den beiden Weltkriegen nachsann, zu seinem ‚Pasticciccio', einem Meisterwerk der Literatur des 20. Jahrhunderts."

Die Via Merulana ist auch aus anderen Gründen bemerkenswert. Sie verbindet zwei römische Hauptkirchen. Sie führt von *San Giovanni im Lateran* nach *Maria Maggiore*. Einmal im Jahr zieht bei einbrechender Dunkelheit die Fronleichnamsprozession durch die Straße, voran die frommen Bruderschaften. Ihre Mitglieder tragen mittelalterliche Gewänder. Am auffälligsten „die Bruderschaft vom guten Tod", ganz in schwarz, mit riesigen Kapuzen, die das Gesicht verhüllen. Schwestern aller Art, mit langem und mit kurzem Schleier, mit Kerzen in den Händen schließen sich an. Dann kommen die Weltgeistlichen und Ordensmänner, bunt und vielfältig, die Prälaten, Bischöfe, Kardinäle. Der deutsche Kurienkardinal Josef Ratzinger ist unter ihnen.

Auch wenn Ludwig ihn vom Fenster des zweiten Stockes in der Dämmerung nur undeutlich sieht, er erkennt ihn dennoch: an der deutschen Art, wie er geht, gemessen und fromm, und wie er die Kerze trägt, aufrecht und gerade. Kein italienischer Kardinal geht so, keiner trägt so seine Kerze. Am Ende des Zuges der Papst mit der Monstranz, auf dem Papamobil. Man hat ihn so hineingesetzt, dass es aussieht, als würde er knien.

Die Fronleichnamsprozession findet nur einmal im Jahr statt. Doch es ist nicht das einzige Mal, dass sich Menschenmengen durch die Straße bewegen. Nur dass sie sonst in die entgegengesetzte Richtung gehen, nicht von *San Giovanni* nach *Maria Maggiore*, sondern von *Maria Maggiore* nach *San Giovanni*. Es sind die Demonstrationszüge der Gewerkschaften, der Parteien, der Polizisten und Busfahrer, der Rentner ... aus ganz Italien; mit Fahnen und Emblemen, mit Lautsprecherwagen und in *staccato* gehämmerten Sprechchören ziehen sie durch die Straße. Dann erklingen die Gesänge aus den Kämpfen der großen Zeit, Lieder der Resistenza:

„Avanti, popolo!
Bandiera rossa, alla riscossa!

Ciao Bella,
Ciao Bella, ciao, ciao, ciao!"

Als Ludwigs Sohn ein gewisses Alter erreicht hatte, das ihn verpflichtete, links zu sein und zu demonstrieren, kaufte er sich bei einem Araber einen schwarzweißkarierten Schal und ging auf die Straße. Dass sein Vater Angst um ihn hatte, wusste er, aber er beruhigte ihn:

„Vater, mir passiert nichts. Ich weiß, wie ich mich verhalten muss."

Eines Tages aber entsann sich Ludwig der Zeit, da er 1968 in München vor das Britische Konsulat gezogen war, um für die Biafrakinder zu demonstrieren. Er ging, wenige Tage vor Ausbruch des ersten Golfkriegs, nach fast dreißig Jahren, auch selbst noch einmal auf die Straße. Es war eine große ökumenische Veranstaltung: Kommunisten und Katholiken und Angehörige sonstiger Konfessionen und Religionen marschierten und schrien gemeinsam.

Ludwig hielt sich zu den Katholiken, genauer, er schloss sich einigen würdigen Priestern an, Mitgliedern der päpstlichen Kommission *„Jusititia et Pax"* – zu Deutsch „Gerechtigkeit und Frieden". Hinter ihnen marschierte eine internationale ökumenische Gruppe, angeführt von Waldensern, vor ihnen gingen, fröhlich musizierend, die *Kleinen Schwestern* des Pater Foucauld, und noch weiter vorne tanzten und sangen Buddhisten in langen orangefarbenen Gewändern.

Plötzlich stürmte eine Gruppe junger Männer mit Flaschen in den Händen nach vorne.

„Das bräuchte es nun wirklich nicht!", empörte sich Ludwig. „Die Demonstration ist doch nicht da, um sich zu betrinken."

Sie hatten dies auch nicht vor. Welchen Cocktail diese Leute, die sich „Autonome" nannten, gebraut hatten, erfuhr er einige Sekunden später.

Denn kaum waren sie etwa zehn Meter weiter gelaufen, als dort, wo noch immer die Buddhisten tanzten, plötzlich links und rechts am Straßenrand die Autos zu brennen begannen. Wie eine Herde aufgescheuchter Hühner stoben die Buddhisten auseinander. Die Schwestern, die Waldenser und auch alle „Gerechtigkeit" und aller „Friede" waren verschwunden. Allein stand Ludwig mitten auf der Straße.

Ludwig überlegte noch, was er tun solle. Da stürmten die autonomen Flaschenwerfer an ihm vorbei, zurück, woher sie gekommen, von vorne aber nahte eine „acies ordinata", eine wohlgeordnete Schlachtreihe der römischen Polizei, auf dem Häuptern den Helm, in den Händen den Schild und den Spieß.

Derart eingeschlossen zwischen Skylla und Charybdis, floh er an den Straßenrand. Ein junges Paar, zwei grüne Pazifisten der *Lega per l'ambiente*, nahmen ihn schützend in ihre Mitte, während nur drei Meter entfernt ein Auto in Flammen aufging.

Ludwig ging nach Hause, in Sorge um seinen Sohn, der auch demonstrierte, dem er jedoch seine Demonstration verschwiegen hatte. Da er noch nicht zu Hause war, machte er sich auf die Suche, fand ihn nicht, ging wieder heim und fand ihn in der Wohnung. Er schmierte sich ein Butterbrot.

„Wo warst Du?", fragte der Vater.

„Bei der Demonstration."

„Und war etwas Besonderes?"

„Es wurden die gleichen Reden gehalten wie immer."

„Und sonst war nichts?"

„Nichts."

Er musste bei einer anderen Demonstration gewesen sein.

Ludwig erzählte ihm von seinen Erlebnissen.

„Um Gottes willen, Vater, mach das ja nie wieder! Wenn du schon demonstrieren willst, dann musst du vorne marschieren, bei den Kommunisten, gleich hinter Occhetto und D'Alema. Da passiert nichts. Nur hinten, bei den Katholiken, da ist's gefährlich."

Die WAPS _____

Ludwig erzählte dem Archivar von der Demonstration gegen die anglo-amerikanischen Invasoren, die den katholisch-kommunistischen Irak zu vernichten drohten. Es war ein gefährliches Thema. Wenn es um Politik ging, waren sie sich selten einig.

„Du schreist schon wieder", sagte der Archivar, „wie bei fast allen politischen Gesprächen. Wer schreit, hat Unrecht."

Im Grunde hielt er überhaupt nichts von Politik. Auch von den Historikern hielt er nichts.

„Geschichte ist immer politische Geschichte" sagte der Archivar, „und sie ist immer Hofgeschichtsschreibung."

Ludwig versuchte dem Archivar klarzumachen, das sei früher so gewesen. Damals unter Hitler und schon früher, bei Wilhelm Eins und Wilhelm Zwo. Damals hätte der Herr Treitschke, den das Computer-Rechtschreibeprogramm immer in „Tretscheibe" umwandeln wolle, die Geschichte zur „Hure der Politik" gemacht. Heute sei das völlig anders. Es gebe sozialhistorische, mentalhistorische, kulturhistorische, soziologische, anthropologische, psychologische und überhaupt logische Raster und Zugriffe auf die historische Wirklichkeit. Außerdem gelte für den heutigen Historiker noch immer das Ideal der Wertfreiheit, das Wissenschaftsideal Max Webers.

„Und du selber", fragte der Archivar, „was machst du? ‚Geschichtsschreibung in pädagogischer Absicht', ‚intentionale' und ‚teleologische Geschichtsschreibung', ‚*invention of tradition*', also Hofgeschichtsschreibung. Alles nachzulesen in der Besprechung deines letzten Buches in der *FAZ*".

Ludwig musste sich, wenigstens vorläufig, geschlagen geben. Er dachte an die Begegnung mit seinem Rezensenten und wissenschaftlichen Kontrahenten Professor Herzog, einem hochgelobten Preisträger. Der besaß das bezaubernde Überlegenheitsgefühl des deutschen Professors. Wenn er in den Schriften seiner Gegner las, legte er den Kopf schief und zog laut schnaufend die Luft durch die Nase ein.

„Wenn ich Sie nicht so verrissen hätte, wären Sie nie so bekannt geworden", sagte der Herzog, „geben Sie zu, dass ich allein Sie wirklich verstanden habe."

Ludwig war zwar anderer Ansicht. Aber er wusste aus Erfahrung, dass man einen deutschen Professor nicht umstimmen kann. Den Archivar übrigens auch nicht. Sie gingen nun doch zur Politik über ... Und sie waren sich ausnahmsweise fast einig, weil bei beiden aus den zuunterst gespeicherten Daten ihres Gedächtnisses der gleiche alte Antiamerikanismus aufstieg, der sich trotz Marshallplan und Schülerspeisung (einmal in der Woche gab es Schokolade) dort fest eingenistet hatte.

„Die wollen nur uns Katholiken und ... Mohammedaner vernichten ..., weil wir arme, aber geburtenfreudige Völker sind", sagte Ludwig.

„Es sind die *WAPS – White American Protestants –* die schlimmsten Rassisten der Welt ..."

„Ku-Klux-Klan", sagte Ludwig, und sah in einer erschreckenden Vision schon die Horden der weißen protestantischen Amerikaner kaugummikauend in den Vatikan einrücken, wo sie vor der Wohnung des Papstes ein brennendes Kreuz aufstellten.

„Die *WAPS* ...", wiederholte der Archivar, „und die Freimaurer (natürlich nur die amerikanischen) und der *World Yewish Congress* ... Du wirst es noch erleben, es wird in den USA zu einer blutigen Katholikenverfolgung kommen."

„Sie werden uns nicht unterkriegen", sagte Ludwig. „Die katholischen *Latinos* rücken immer weiter vor. In fünfzig Jahren ist jeder vierte US-Amerikaner lateinamerikanischer Herkunft. Außerdem haben wir immer noch die Iren und den Kennedy-Clan."

Schweigen.

„Aber ob es ganz ohne Blutvergießen abgehen wird?"

fragte der Archivar. „Sie lehnen unsere katholische Soziallehre ab. Sind Thatcherianer. Du weißt schon, Globalisierungsfalle, Arme immer ärmer, Reiche immer reicher, Asoziale, Schwarze, Katholiken und italienische (das heißt päpstliche) Kommunistinnen werden eingesperrt, kommen auf den elektrischen Stuhl, da mag der Papst protestieren, so oft er will ..."

„Sie hatten eben keinen Bismarck und keine Sozialversicherung, keine Rentengesetzgebung, keinen funktionierenden Staat, keinen Marx ...", antwortete Ludwig. „Die sind bei Adam Smith stecken geblieben ..."

Es tat gut, wieder einmal richtig lästern zu dürfen, auch wenn sie nicht alles sagten, was sie dachten. So ein bisschen *„political uncorrectness"* hatte sich in ihre Gespräche eingeschlichen. Trotzdem, sie fühlten sich heute wieder einmal ausgesprochen katholisch und solidarisch mit dem Papst und mit allen unterdrückten Südamerikanern, Kommunisten und Mohammedanern.

# Kein direkter Draht

Ludwig war bei Monsignore Wilhelm zum Essen geladen. Monsignore Wilhelm war der geborene Prälat und schrecklich konservativ. Er trug einen langen Talar, der behutsam die Rundungen seines Leibes verdeckte, Jahresringe, die sich beim Aufstieg zu seiner Karriere gebildet hatten. Aber Monsignore Wilhelm hatte eine Eigenschaft, die man sonst bei römischen Prälaten vergeblich sucht: Er war ehrlich. Das war auch der Grund, warum er auf der Karriereleiter stecken geblieben war und es nur zum „Konsultor" in der *Heiligsprechungskongregation* gebracht hatte.

Ludwig mochte ihn. Sie verstanden sich glänzend, gerade dann, wenn ihre Meinungen auseinandergingen.

Huldvoll lächelnd und überströmend von Güte empfing ihn Monsignore Wilhelm und geleitete ihn in das Sprechzimmer. Monsignore Wilhelm nahm auf einem Sessel Platz, der auf einem Podium stand. Auch Ludwig nahm auf einem Sessel Platz. Auch sein Sessel stand auf einem Podium. Nur dass dieses erheblich niedriger war als das des Gastgebers. Ludwig fand all dies merkwürdiger Weise richtig. Demokratische Einebnung passte einfach nicht zu Monsignore Wilhelm.

Es gab einen Aperitif. Man tauschte Floskeln aus. Monsignore Wilhelm drückte auf eine Klingel.

Eine dienende Seele weiblichen Geschlechts erschien. „Das Essen steht bereit", sagte sie.

Es folgte die Prozession zum Speisezimmer, voran die *domestica*, dann der Herr Prälat. Ludwig bildete die Nachhut. Kerzen brannten auf dem Tisch und alles war sehr feierlich.

Sie sprachen über Rom und den Vatikan.

„Sie müssen das richtig verstehen!", sagte Monsignore Wilhelm, „die Kirche braucht eben eine Überwachungsbehörde. Sie hat die Aufgabe, die Frömmigkeit zu regulieren. Alles muss in geordneten Bahnen verlaufen ..."

„Und was ist mit den Charismatikern?", wagte Ludwig zu fragen.

„Das ist es ja eben", sagte Monsignore Wilhelm, „wissen Sie, alles verdirbt die Mystik, und schuld an allem ist dieser Joseph Görres aus dem vorletzten Jahrhundert, dieser katholische Politiker und Pseudomystiker, ... und da benennen deutsche Akademiker ihren Verein nach einem solchen Mann! ... Ich halte mich an die Neuscholastik. Da ist alles klar und übersichtlich."

„Aber der Papst," wagte Ludwig einzuwenden, „er setzt sich für die Charismatiker ein ..."

„Das ist es ja eben", sagte Monsignore Wilhelm (er sagte immer: das ist es ja eben!). „Der meint auch, er habe einen direkten Draht zum lieben Gott ..."

Ludwig erwiderte nichts. Aber sie waren wieder einmal *einer* Meinung über alle ideologischen Grenzen hinweg. Sie sprachen über den Vatikan und die deutschrömischen Verhältnisse im Vatikan, über Professor Emil, der so arm war, dass er keine Stilmöbel hatte, über Monsignore Brandt – sie waren einer Meinung.

Sie verabschiedeten sich. Ludwig überquerte den Petersplatz. Da kam ihm – eben noch hatten sie von ihm gesprochen – Monsignore Brandt entgegen. Seine Freundlichkeit überbot noch bei weitem die von Monsignore Wilhelm. Und Ludwig, was sollte er tun? Er machte gute Miene zum bösen Spiel. Wie sie so dastanden und fröhlich plauderten, musste jeder, der vorüberging, denken, dass sich zwei innige Freunde begegnet waren, nicht aber zwei streitbare Historiker, die sich in den Fußnoten ihrer Aufsätze unbarmherzig bekämpften.

Nein, davon merkte man nichts. Alles war eitel Sonnenschein über dem Petersplatz in Rom. Als sie jedoch daran gingen, sich zu verabschieden, verdüsterte sich das Antlitz des Monsignore.

Er blickte zum strahlend blauen Himmel hinauf und sprach:

„Dunkle Wolken ziehen auf."

Auch Ludwig blickte zum Himmel empor. Er konnte keine Wolke entdecken.

„Dunkle Wolken ziehen auf", wiederholte Monsignore Brandt.

Ludwig war ratlos. „Ich sehe keine Wolken."

„Dunkle Wolken ziehen auf", wiederholte Monsignore Brandt zum dritten Mal und fügte hinzu: „dunkle Wolken über Ihrem Kulturinstitut."

„Ich verstehe Sie nicht", wagte Ludwig zu stammeln.

„Sie haben den Historiker August H. angestellt!", sagte Monsignore Brandt, „er ist ein Häretiker. Er leugnet die Unfehlbarkeit des Papstes."

Ludwig schwieg.

„Wer weiß, ob er nicht schon dabei ist, das Holz zu sammeln für den Scheiterhaufen, auf denen der Häretiker verbrannt werden soll?", dachte er. „Ein falsche Antwort und ich werde mit verbrannt!"

Als er im Bus der Linie 64 saß, der vom Vatikan zum Bahnhof fährt, und die Geldbörse fest in der Hosentasche umklammert hielt, um von den Taschendieben nicht gestört zu werden, ließen ihn die Gespräche mit den beiden Prälaten keine Ruhe.

Hatte der Papst wirklich immer Recht? Und wie war das mit dem direkten Draht? Vielleicht stand im Zimmer des Papstes ein goldenes Telefon, durch das er die Anweisungen von oben erhielt. Oder ging alles vielleicht drahtlos. Mit Funk? Hatte der Heilige Geist sich auf E-mail umgestellt? Welche Adresse hatte er und wusste wirklich nur der Papst diese Adresse?

Das musste er dem Archivar erzählen ...

Und sie führten ein tiefsinniges Gespräch über Wahrheit und Wirklichkeit. Sie sprachen darüber, dass wir Menschen alle *auf dem Weg* seien, dass die Wahrheit auf dem Weg sei zu uns. Dass, Gott sei Dank, wenigstens bei den meisten Christen, die Zeit der *starken Wahrheiten* vorüber sei, jener starken Wahrheiten und unumstößlichen Gewissheiten, die keine anderen Wahrheiten neben sich gelten lassen und in deren Namen Religionskriege geführt und Menschen erbarmungslos verbrannt wurden.

Und sie waren sich einig, dass die römische Amtskirche, samt dem Papst, nicht ein unfehlbares Orakel darstelle, dass auch in den Religionen viele Unbekannte stehen bleiben und dass die entscheidenden Fragen unseres Lebens nicht durch spitzfindige Systeme und Dogmen beantwortet werden ...

Und dass es vielleicht die schlimmste und einzige Häresie sei, zu glauben, man *besitze* die Wahrheit.
Und sie erinnerten sich an die Legende von dem Mönch, der nach dem Tode einem Mitbruder erschien und ihm sagte, dass drüben alles *ganz anders* sei.

Die Vollendung der Priesterweihe

Er war Zeit, den Archivar aufzusuchen. Es war ein besonderer Tag, denn es hatte geschneit.

Da es nur selten schneit in Rom, gibt es immer noch Palmen in Rom und Orangenbäume. Aber ab und zu schneit es auch in Rom.

Wenn es in Rom schneit, und wenn es länger als einen Tag schneit, und wenn der Schnee länger als eine Woche liegen bleibt, und wenn das Thermometer unter Null sinkt, ... dann beginnen die Eukalyptusbäume, die Orangen- und Zitronenbäume, und auch die Palmen zu sterben.

Wenn es in Rom schneit, und wenn der Schnee liegen bleibt, auch wenn er nur zehn Zentimeter erreicht, haben die Züge bis zu zwölf Stunden Verspätung, der Verkehr kommt zum Erliegen und die Büros und Schulen bleiben geschlossen.

Wenn es in Rom schneit, wird nicht gestreut, oder richtiger, man kann gar nicht streuen. Es gibt keine

Streuwagen. Die müssen erst aus Bologna kommen, und Bologna ist weit, und zwischen Bologna und Florenz liegt das Gebirge und die tiefverschneite *Autostrada del Sole*. Da muss man schon eine Woche warten können, bis das Eis auf der *Autostrada* geschmolzen ist. In der Zwischenzeit helfen sich die Römer selbst. Es gibt zwar keine Winterreifen, aber es gibt Schneeketten. Die legen die Römer an ihre Autos, an ihre PKWs, an ihre Lastwägen, an ihre Busse. Aber aus Sparsamkeit, oder aus welchen Gründen auch immer, legen sie die Schneeketten nur an einen Reifen – und los geht die Fahrt wie im Sommer, ohne auch nur im Geringsten auf die Straßenverhältnisse zu achten. Und so bleibt es nicht aus, dass es zu Zusammenstößen kommt, auch wenn die Unfälle meist glimpflich verlaufen. Wohl dem, der sich nur noch zu Fuß auf den Weg macht, weil die Rutschbahn im Park das Autofahren unmöglich macht. Die Gefahr, auf dem Bürgersteig auszurutschen ist dennoch groß, denn, wie gesagt, es wird nicht gestreut.

Wenn es in Rom schneit, versuchen die aus Sizilien stammenden Hausmeister den Schnee mit einem Wasserschlauch wegzuspülen. So geschah es auch vor dem Haus, in dem Ludwig wohnte. Der Erfolg war vorhersehbar. Die leicht ansteigende Straße wurde zur Rutschbahn, die es unmöglich machte, dass Autos oder Fußgänger das Hindernis überwinden konnten.

Wenn es in Rom schneit, und wenn das Thermometer unter Null sinkt, dann fallen die Heizungen aus. Denn die Warmwasserleitungen, die außerhalb der Hauswände verlaufen, werden von der Kälte gesprengt.

Wohl dem, der einen elektrischen Heizkörper besitzt. Da Ludwig keinen besaß, und da auch keine Firma bereit war, einen herzukarren, solange Schnee und Eis auf den Straßen lagen, ging er ins nächste Geschäft und kaufte Kerzen, sechzig Kerzen. Er setzte sich in die Küche und zündete die Kerzen an, sechzig Kerzen. Die Temperatur in der Küche stieg von zehn auf sechzehn Grad.

Da Ludwig noch immer fror, beschloss er den Archivar aufzusuchen. Der saß schlotternd an seinem Schreibtisch. Als Ludwig ins Zimmer trat, stand er auf und begrüßte ihn mit den Worten:

„Du kommst mir gerade recht!"

Dann lief er verzweifelt durch das Archiv. Der Archivar – er war kurzsichtig – hatte wieder einmal seine Brille verlegt.

Er wies auf ein Buch, das auf seinem Schreibtisch lag. „Es hat keinen Sinn, dass ich jemals etwas schreibe", sagte er, „entweder ein anderer hat schon darüber geschrieben oder er wird darüber schreiben. Du erinnerst dich, dass wir erst vor kurzem über meine philosophischen Entwürfe sprachen. Der da ..." – er wies auf das Buch hin – „hat meinen Plan ausgeführt."

Wenn es nicht tatsächlich so gewesen wäre und wenn er nicht so begabt wäre, müsste Ludwig ihn für einen Hochstapler halten. Der Archivar umgab sich gerne mit berühmten Leuten. Er bereitete sich vor, wenn er eine Tagung, ein Symposium, einen Vortrag besuchte.

Der deutsche Universitätsprofessor, Ordinarius für Geschichte, mehrfacher Preisträger und Dr.Dr.Dr. honoris causae, war zutiefst gerührt, als der Archivar Sätze aus seinem letzten Werk auswendig aufzusagen wusste. Karl-Otto Apel, der Philosoph, nahm ihn gar eine Stunde lang in sein Hotelzimmer mit. Nur mit Günther Grass kam er nicht zurecht. Schuld war Ludwig, ohne dass er es wusste. Er hatte dem Archivar gesagt, Italien sei nie groß genug, aber auch nie klein genug gewesen, um selbständige Politik machen zu können. Der Archivar trug dies dem deutschen Dichter vor. Doch Grass verstand Ludwigs Logik nicht.

Trotzdem, gerade so mochte ihn Ludwig, und heute, bei dieser Kälte, brauchte er ihn noch mehr als sonst. Ohne ihn wäre sein Leben ärmer gewesen. Ohne ihn hätte er es nicht so lange in Rom ausgehalten.

Sie gingen nicht in den Garten, auch nicht in den Kreuzgang, sie gingen in der großen Aula auf und ab. Ludwig erzählte zitternd vor Kälte dem Archivar die Geschichte vom Propst Simon, dem Strategen.

„Auch wir hatten so verrückte Vorgesetzte", sagte der Archivar. Du erinnerst dich sicher an unseren Regens, den Pater K. Er war tatsächlich verrückt. Man steckte ihn in die Nervenklinik. Er blieb uns dennoch erhalten. Der Vernünftigste unserer Professoren aber, Pater L., den wir verehrten, hat uns verlassen. Er hat geheiratet ..."

„Wie war das eigentlich bei dir mit deiner Heirat?" sagte der Archivar unvermittelt ... „Du hast mir das noch nie erzählt."

„Ich erzähle es dir, aber unterbrich mich nicht."

Ludwig erzählte von seinen Depressionen und davon, dass er sich zum ersten Mal wirklich frei gefühlt hatte, als er an der Universität studierte. Und wie er sich plötzlich voll Schrecken fragte: Führt mein Weg also, konsequent zu Ende gedacht, hinaus?

„Dies notierte ich mir damals, nicht nur einmal", sagte Ludwig. „Das Problem war auch nicht dadurch leichter geworden, dass ich mit einem Mal Erfolg hatte, und dass ich Freunde fand, auch im Kloster, zwei meiner ehemaligen Professoren, die ich schätzte. Sie waren genau doppelt so alt wie ich, als ich mit ihnen nach Neapel fuhr. Wir machten Urlaub, sprachen über Goethes italienische Reise (die wir nachvollzogen), über den katholischen Dichter Konrad Weiß und über meine Dissertation. Sie waren im Kloster alt geworden und Menschen geblieben, mehr noch, reif geworden und weise. Und ich erfuhr, dass auch in ihrem Leben nicht alles aufgegangen war."

Ludwig erzählte weiter, wie einer seiner Begleiter sagte: „Ein Dichter passt nicht ins Kloster. Das geht schief." Ludwig sagte, dass er diese Worte auf sich bezogen habe. War er nicht ein verhinderter Dichter? Als Schüler – er war zwölf Jahre alt – quälte ihn schon das Problem. Man redete es ihm aus, und gleichzeitig ernannte man ihn zum Hofpoeten, der die Reime beizubringen hatte für Karneval und Nikolaus, er musste bei der Schulschlussfeier im Rathaussaal Gedichte aufsagen.

„*Nur Narr, nur Dichter* war ich, aber ein miserabler, der auf der Strecke bleiben würde," sagte Ludwig, „ein Verseschmied, ein Träumer, einer, der für das wirkliche Leben nicht taugte, ein Taugenichts, – wie sagte doch Propst Simon, der Stratege? – ein Mann, den man zu nichts gebrauchen konnte, den man nirgendwo hinstecken konnte ... Und doch stand in meiner Beurteilung: ‚An den richtigen Platz gestellt (gesteckt), wird er Außergewöhnliches leisten.' Aber steckte ich am richtigen Platz? Würde ich je am richtigen Platz stecken. War ich eine blaue, eine rote oder eine grüne Stecknadel. Oder gab es meine Farbe überhaupt nicht?"

Der Archivar ging nicht auf Ludwigs Erzählung ein. „Wie ging es weiter?", fragte er.

Ludwig erzählte ihm, wie er seine Frau kennen gelernt hatte und dass er überrascht war, dass ein Mensch ihn wirklich mochte und ihn brauchte. Er erzählte, dass alle davon wussten, nur dass er nicht wusste, dass sie es wussten.

„Dann", so fuhr Ludwig fort, indem er in der Erinnerung grub, „nahm ich ein Zimmer in der Stadt. Alles, was mir gehörte, passte auf den Rücksitz eines Autos. Es war wie eine Geburt, auch mit all den Schmerzen einer Geburt, nur dass ich selbst es war, der in Wehen lag. Dann folgte das Warten auf die römische Dispens. Für alle Fälle suchten wir einen Pfarrer, der uns trauen würde. Pfarrer L. von St. Ursula war bereit. ‚Betrachtet euch als vor Gott verheiratet!', sagte er. Dann gratulierte er mir und fügte hinzu: ‚Ich habe mir vorgenommen, für jeden, den ich hineingebracht habe, wieder einen herauszuholen'."

„Wir heirateten also, Hochzeit zu fünft, Auguste, ich, die beiden Trauzeugen, der Pfarrer: ‚Die Ehe ist die Vollendung der Priesterweihe', sagte der Pfarrer in seiner Ansprache. ‚Der Mann ist der Priester der Frau. Die Frau ist die Priesterin des Mannes'."

„Das war eine schöne Theologie", sagte der Archivar.

„Zu fünft gingen wir anschließend zum Hochzeitsmahl zum Chinesen, Ecke Theresien-Amalienstraße: Auguste, ich, die beiden Trauzeugen."

„So war das also", sagte der Archivar.

„So war das", sagte Ludwig und dachte: „Auguste, der Pfarrer und einer der Trauzeugen sind inzwischen gestorben. Ich muss den Weg noch ein Stück weitergehen."

Sie verabschiedeten sich. Doch das Gespräch mit dem Archivar hatte Ludwig aus seinen Studien und seinem Alltag gerissen. Wieder einmal zogen die wenigen Jahre seiner viel zu kurzen Ehe an ihm vorüber.

„Von meiner Ehe behalte ich nur das Gute in Erinnerung", dachte er auf dem Heimweg vom Konvent in seine Wohnung, in der die Räume leer, kahl und kalt geworden waren, seit sein Sohn in Wien studierte.

„Ich will es nicht zerreden", dachte er zum wiederholten Mal, aber vielleicht stimmt es, dass mit dem Licht auch der Schatten wächst. *Das unsagbare Viel und Schwer* begleitete uns.

„Die Spatzen hätten uns nicht besser zusammentragen können", hatte Auguste gesagt. Und das stimmte.

Gewiss, ihre Ehe war schön. Aber sie war vor allem, wenn er zurückdachte, so etwas wie ein *Schutz-und-Trutz-Bündnis*. Sie suchten sich zu geben, was sie verloren hatten, auch wenn sie wussten, dass die unersetzlich sind, die sie vor nicht langer Zeit verlassen hatten: ihre beiden Väter, und Karl, Ludwigs Bruder, den er sehr geliebt hatte. Karl war 21 Jahre alt, als er starb.

Die Todesfälle blieben ihnen treu. Zuerst starb eine gute Freundin seiner Familie, dann starb Ludwigs Schwester Toni, unerwartet, plötzlich, schließlich starben seine Mutter und die Tante seiner Frau, die bei ihr Mutterstelle vertrat (ihre Mutter war gestorben, als sie gerade ein halbes Jahr alt war. Es war ein „ärztlicher Kunstfehler"). Beide alten Damen waren oft bei ihnen zu Besuch und hatten ihren Sohn mit ihrer Güte und Großmütterlichkeit fast erdrückt.

Auch der Pfarrer starb, in dessen Haus Auguste aufgewachsen war. Sie wachten an seinem Sterbelager, abwechselnd, Tag und Nacht.

„Es dauert höchstens noch eine Stunde", sagten die katholischen Schwestern, als sie an sein Sterbebett gerufen wurden. Der Krankenhausgeistliche, ein Franziskaner, kam und betete die Sterbegebete. Als er gegangen war, begannen die Schwestern das Zimmer auszuräumen. Die Blumen trugen sie in die Hauskapelle. Nun warteten sie nur noch auf den letzten Atemzug.

Da schlug der Sterbende die Augen auf und sagte: „Jetzt könnte ich einen Schluck Bier vertragen."

Die Schwestern brachten das Bier und stellten die Blumen ins Zimmer zurück. Er hat dann noch zwei Monate gelebt. Er hat mit zittriger Schrift sein Testament abgefasst, und Ludwig musste später vor dem Nachlassgericht bezeugen, dass er noch geschäftsfähig war.

Dann starb Auguste, an einer Grippe, wie es hieß, oder war es wieder ein ärztlicher Kunstfehler? Der Arzt, der zuerst nicht kam und der sich am Telefon verleugnen ließ, war so nervös, dass er seinen Arztkoffer vergaß, nachdem er den Notdienst angerufen und fluchtartig das Haus verlassen hatte.

Die Beerdigung fand an einem Faschingsdienstag statt. Es folgte der „Leichenschmaus". Auch Ludwigs Lehrer, Professor B., war anwesend. Ludwig war stumm geworden inmitten des Lärms. Da sagte sein fünfjähriger Sohn zu ihm: „Ich weiß schon, dass die Mama dein Herzkäfer ist. Aber ich hab dich auch lieb." Es lohnte sich weiterzuleben.

Das alles ging ihm wieder durch den Kopf, und er dachte: „Mich selbst streifte der Todesengel nur, bei einem Autounfall. Noch immer höre ich die Stimme, die meinen Namen ruft, ganz von ferne zuerst, dann immer näher, lauter, deutlicher, aufrüttelnd, fordernd ... Ich öffne die Augen und sehe das Vollmondgesicht des Chefarztes über mir. Ich denke, dass ich meine Aufgaben noch nicht zu Ende gerechnet habe..."
Es war noch immer kalt in der Wohnung.

Wenn die Unbekannten stehen bleiben _____

Der Archivar führte die Gabel zum Mund. Er leckte sie sorgfältig ab, ehe er sie zurücklegte. Sie zahlten und verließen das Lokal.

„Wie bei Muttern", sagte der Archivar.

Ludwig wollte etwas sagen, schon den ganzen Abend wollte er etwas sagen. Er wollte seinem Freund, dem Archivar, seine Erfahrungen mit der römischen Bürokratie erzählen, er wollte ihm sagen, dass er genug habe von der ewigen Bürokratie und den ewigen Formularen, die unser Leben begleiten, genug von der Arbeit als Redakteur, dass er genug habe von allem, einfach genug. Dass er müde sei, dass er es satt habe ...

Der Archivar ließ ihn nicht zu Wort kommen, er redete und redete, es redete aus ihm ohne Unterlass.

Es war wie das Rauschen eines schnell dahinfließenden Stromes. Ludwig hörte die einzelnen Worte, aber nicht ihren Sinn. Er dachte an ein Gedicht, das er schreiben wollte, und daran, dass er nicht über zwei Zeilen hinauskam.

Wenn am Ende die Rechnung nicht aufgeht,
wenn die Unbekannten stehen bleiben ...
Der Nachsatz, die Auflösung, fehlte.

Es war noch immer wie damals in der Schule. Am Ende stand eine Zahl mit unendlich vielen Stellen nach dem Komma, die immer unförmiger geworden war, je länger er sie über die Seiten seiner Klassenarbeit geschleppt hatte.

„Rechengang richtig, Lösung falsch", hatte der Korrektor darunter geschrieben.

„Unversehens bin ich alt geworden", dachte Ludwig. „Die Unbekannten sind noch immer stehen geblieben, trotz all meiner Bemühungen. Was wird der Korrektor (falls es einen gibt) unter mein Leben schreiben? Vielleicht: ‚Rechengang falsch, Lösung richtig'?"

„Wenn ich zurückblicke ... Bin ich weiser geworden? Erfahrener gewiss, vielleicht auch gütiger (einfach der Hormone wegen), aber weiser? Ich lege mich im Sommer noch immer nackt in die pralle Sonne, achte nicht auf meine Colesterinwerte und ärgere mich grün und blau, wenn ich die Zeitung lese. Dabei sollte ich es doch wissen."

Die Unbekannten, hinter denen er herjagte, waren ihm noch unbekannter geworden: Gott, die Menschen, die ihn durch Strecken seines Lebens begleitet hatten; und auch, wer er selbst sei, wusste er nicht.

Aber vielleicht war es schon genug, zu wissen, dass

sich keine Lösungen erjagen lassen. Ludwig wollte dieses Wissen um nichts in der Welt verlieren, so groß die Versuchung war, rückblickend zu sagen: „So und nicht anders musste mein Leben verlaufen." Es ist die Versuchung des Alters, alles zu harmonisieren: Alles scheint sich zusammenzufügen trotz aller Brüche.

Und vielleicht ist sogar etwas Richtiges an den nachträglichen Stilisierungen. Vielleicht hat Hegel recht, wenn er glaubt, dass der These und der Antithese die Synthese folgt. Aber dann fängt alles wieder von vorne an, auf einer höheren Ebene, wie es heißt. Vielleicht ...

„Du hörst mir ja gar nicht zu", sagte der Archivar.
„Doch, ich habe Dir zugehört", antwortete Ludwig.
„Du hast gesagt, wir beide seien alt geworden. Darüber habe ich nachgedacht."

„Und", sagte der Archivar, „sind wir weiser geworden?"
„Nein, weiser nicht. Es ist noch immer wie damals in der Schule. Die Unbekannten sind stehen geblieben. Aber etwas hat sich verändert. Es ist der Umgang mit den Unbekannten. Wir nehmen sie, wie sie sind, als Werte mit unendlich vielen Stellen nach dem Komma. Wir lassen sie stehen. Gleichgültig sind sie uns trotzdem nicht."

„Und," sagte der Archivar, „ist das alles?"
„Nein, das ist es ja eben, was mich ärgert. Ich glaube noch immer an eine ... Lösung."

Immer noch jagten sie hinter den Unbekannten in ihrem Leben her, wenn sie im Garten des römischen Klosters auf- und abgingen.

Zum ewigen Frieden

Sie aßen „Marillenpalatschinken" und tranken Ottakringer Bier. Sie saßen in einem Studentenlokal im Hof des ehemaligen AKH, des „Wiener Allgemeinen Krankenhauses" aus den Zeiten Josephs des Zweiten, das seit kurzem in eine Universitätsfiliale umgewandelt worden war.

„Hier in diesem Hof lagen 1848 Hunderte von Leichen aufgeschichtet", sagte Ludwig.

„Sie sind für das Vaterland gestorben", sagte der Archivar.

„Für die Freiheit", verbesserte Ludwig.

„Und ist ihre Rechnung aufgegangen? Sie hätten sich das alles sparen können. Wir würden heute trotzdem hier sitzen, und sie wären am Leben geblieben", sagte der Archivar.

„Nein", sagte Ludwig, „irgendwann wären sie sowieso gestorben. Es ist besser, man stirbt jung und sinnvoll als alt und sinnlos."

„Ich bin anderer Meinung", sagte der Archivar, „die Jungen wollen leben, die Alten haben das Leben satt."

„Darum war ich ja schon immer der Ansicht, nicht die Jungen, sondern die Alten ab sechzig sollen in den Krieg eingezogen werden. Sie hatten genug Zeit, sich als geschichtswürdig zu erweisen. Entweder sie haben es getan oder sie haben es nicht getan. In beiden Fällen können sie abtreten. Das würde auch das Rentenproblem lösen."

„Die Alten würden nicht in den Krieg gehen, auch wenn man sie einberuft. Die würden alle zu Hause bleiben", sagte der Archivar, „nur die Jungen und die Dummen lassen sich umbringen; wir hätten endlich den Ewigen Frieden."

„Wir gehören jetzt zu den Alten", sagte Ludwig.

„Wir sind alt und fühlen uns alt", sagte der Archivar.

Schweigen.

„Weißt du", sagte der Archivar, dass wir uns heute vor 50 Jahren kennenlernten?"

„Ich habe es nicht vergessen. Darum habe ich dich eingeladen."

„Und was ist mit unsern Plänen, mit unseren Rechnungen. Sind sie aufgegangen?", fragte der Archivar.

„Ist es denn notwendig, dass unsere Rechnungen aufgehen?", antwortete Ludwig. „Während meiner letzten Krankheit habe ich nachgedacht. Ich werde Rom für immer verlassen und wieder in die Wälder gehen ..."

„Und was wird aus deiner Arbeit?" fragte der Archivar.

„Stell dir vor", sagte Ludwig, „ich habe von dir gelernt, ich habe sogar aufgehört, eine Fußnote sein zu wollen. Es geht nicht darum, zu addieren, um höhere Summen zu erzielen. Was uns noch bleibt, ist das Subtrahieren."

„Und was wird aus mir, wenn du Rom verlässt?"

„Es gibt die Bahn, es gibt Flugzeuge ... Wir können uns treffen ..."

„Vielleicht in einer anderen Welt", sagte der Archivar, „ich weiß, dass ich bald sterben werde."

„Was tut's", sagte Ludwig leise, „wir gehören zusammen, wie X und Y, irgendwie ..."

Ludwig dachte nach. Er kam sich vor wie ein Läufer, der immer noch läuft, ohne so recht zu wissen, warum, während die, die mit ihm liefen, irgendwann einmal aufgehört hatten zu laufen.

Irgendwann einmal waren sie nicht mehr da: Mitschüler, Eltern, Geschwister, sein Bruder Karl, den er geliebt hatte, ... seine Frau Auguste, die sich vorgestellt hatte, wie es sein würde, wenn sie beide „alt und klapprig" wären, sein Freund August (Auguste und August hatten oft gemeinsam über ihren Namen gelästert: halt so ein dummer August) ..., sein Freund August, der überzeugt war, die römische Kirche habe sich selbst durch das Unfehlbarkeitsdogma in eine *strada senza uscita* manövriert, und der das Unheil heilen wollte durch eine *Wurzelbehandlung* (vergebens!), Professor B., der an ihm einen Narren gefressen hatte, Professor L., der ihn gelehrt hat, trotz allem an die *Handschrift Gottes in seinem Leben* zu glauben, seine Begleiter nach Neapel, die aufrichtig trauerten, als sich sein Weg von dem ihren trennte ...

„Ich bin noch immer unterwegs", dachte er. „Bin ich privilegiert, oder erwartet noch immer jemand von mir, dass ich meine Rechenaufgaben löse, oder dass ich endlich zufrieden bin, wenn die Unbekannten stehen bleiben?"

Ludwig hatte fast alles zurückgelassen, und war selbst zurückgelassen worden. Jetzt konnte es nicht mehr lange dauern. Wenn ich tot bin, dachte Ludwig, werde ich nackt und frei sein.

Dennoch, er durfte Blumen und Wälder sehen. Er hatte sich am Leben satt getrunken. *„Es sei, wie es wolle. Es war doch so schön!"* „Und wenn ich einmal nicht mehr sein werde, wird es immer noch Blumen und Wälder geben ..."

Otto Weiß

ist katholischer Theologe und Historiker, Autor von zahlreichen wissenschaftlichen Veröffentlichungen zum Katholizismus des 19. und 20. Jahrhunderts; lebt in Ulm und Wien.

„Stationen meines Lebens" ist das erste literarische Werk von Otto Weiß und gleichzeitig seine Autobiografie.

Otto Weiß
Stationen meines Lebens
Drei biografische Skizzen

Lektorat: Dorothea Steinlechner-Oberläuter
Gestaltung: Volker Toth
Titelbild: Jakob Toth
Druck: Theiss, St. Stefan

ISBN 978-3-902932-34-1
© 2015 Edition Tandem, Salzburg | Wien
www.edition-tandem.at

Gefördert von:
Bundeskanzleramt:Österreich | Kunst, Stadt und Land Salzburg, Stadt Wien